商业智能与科学决策

郑 展 编著

清华大学出版社
北 京

内 容 简 介

本书结合社会经济发展新态势，融合商业智能，把决策理论、决策方法、决策实践纳入同一框架，体现了思维培养、思想提升的教学功能。本书共分为3篇14章，第1篇描述科学决策的基本问题，涵盖起源、概念、类型、质量、效果等内容，包括第1章至第4章；第2篇阐述商业智能环境与决策改变，介绍决策支持系统和大数据商业智能决策的方法，包括第5章至第7章；第3篇介绍科学决策的方法，选取几类应用范围广且重要的决策方法做了重点介绍，侧重于解决经济社会中常见的管理决策问题，包括第8章至第14章。

本书可作为管理类专业本科生、硕士研究生的课程教材，也可作为各类组织的管理者与员工，以及从事决策理论与方法研究的教师、研究人员等的参考用书。

本书封面贴有清华大学出版社防伪标签，无标签者不得销售。

版权所有，侵权必究。举报：010-62782989，beiqinquan@tup.tsinghua.edu.cn。

图书在版编目(CIP)数据

商业智能与科学决策 / 郑展编著 . -- 北京：清华大学出版社, 2025. 1. -- ISBN 978-7-302-67785-7

Ⅰ. F715.1

中国国家版本馆 CIP 数据核字第 2024WR5884 号

责任编辑：陈　莉
封面设计：周晓亮
版式设计：方加青
责任校对：马遥遥
责任印制：刘　菲

出版发行：清华大学出版社
网　　址：https://www.tup.com.cn, https://www.wqxuetang.com
地　　址：北京清华大学学研大厦 A 座
邮　　编：100084
社 总 机：010-83470000
邮　　购：010-62786544
投稿与读者服务：010-62776969, c-service@tup.tsinghua.edu.cn
质 量 反 馈：010-62772015, zhiliang@tup.tsinghua.edu.cn
印 装 者：小森印刷霸州有限公司
经　　销：全国新华书店
开　　本：185mm×260mm　印　张：12.25　字　数：283 千字
版　　次：2025 年 1 月第 1 版　印　次：2025 年 1 月第 1 次印刷
定　　价：48.00 元

产品编号：105568-01

前言 PREFACE

自从人类出现，就有了管理的实践。管理活动存在于生产、生活的方方面面，存在于个体、群体、组织的每个事务单元中，每个关键节点的管理决策都无形地影响着经济社会的发展进程。

管理在19世纪50年代由经验上升为科学。古典管理学家法约尔认为，"管理应该预见未来，预见活动虽然不能作为管理的全部，但也应该是管理的基本方面"，这正是对决策思想的早期论述。随着管理理论的发展，决策逐渐被管理学家们称为管理的首要职能，亦被部分管理学者认为与管理"同义"，决策的重要性不言而喻。

经历了工业革命、科技革命、产业革命，决策理论呈现出由朴素的决策思想、基本决策理论到科学化决策理论体系，再到商业智能环境下的科学决策理论的进化，决策理论及决策方法的科学性、规范性、先进性不断提升，其在经济社会领域的应用越来越广泛，能够解决的决策问题日益增多，已经成为一门管理者必须了解的复杂学科。

本书基于管理类专业人才培养的目标，充分把握新时代经济社会发展对管理类人才的新要求，融合商业智能，结合知识、素养、能力三维人才培养要求，阐述与解释了综合决策理论、决策方法、决策实践，体现了思维培养、思想提升的教学功能。每章都精选了课后习题和相关案例，并提供习题答案及案例分析，作为章节的有益补充，能够为读者阅读和学习提供帮助。本书免费提供教学课件和教学大纲，可扫码下载。

教学课件　　教学大纲

河北经贸大学郑展负责全书的构思、统稿、完善、定稿，本书各章编写分工如下：第1章至第4章，由郑展撰写；第5章至第7章，由郑展和新道科技股份有限公司、河北天海网络工程有限公司、石家庄煤矿机械有限责任公司、河北金标建材科技股份有限公司等企业共同撰写；第8章、第9章，由陈梦千撰写；第10章，由吴玉果撰写；第11章，由李秋洁撰写；第12章、第13章，由朱梓萌撰写；第14章，由马佳泽撰写。

本书的选题来自河北经贸大学首批"新财经教育系列教材"建设项目，是河北经贸大学新财经教育教学改革的重点建设项目。

由于决策科学领域涉及的理论体系较为庞大，受编者撰写水平的限制，本书涉及部分知识、理论和方法，观点和内容未免有不足与局限之处，敬请提出宝贵意见。

编者

2024年6月

目录 CONTENTS

第 1 篇　科学决策的基本问题

第1章　决策问题的缘起 / 2
- 1.1　决策概述 / 2
  - 1.1.1　决策的内涵 / 2
  - 1.1.2　决策的基本原则 / 3
  - 1.1.3　决策的影响因素 / 6
- 1.2　决策的要素 / 7
  - 1.2.1　决策者 / 7
  - 1.2.2　决策目标 / 8
  - 1.2.3　决策方案 / 8
  - 1.2.4　决策情境 / 8
  - 1.2.5　决策结果 / 8
  - 1.2.6　决策准则 / 8
  - 1.2.7　决策方法 / 9
  - 1.2.8　决策制度 / 9
- 1.3　决策理论的发展 / 9
  - 1.3.1　西蒙的决策理论 / 9
  - 1.3.2　其他决策理论学派 / 12
  - 1.3.3　决策理论的发展趋势 / 13
- 课后习题 / 13
- 案例　长征拉开序幕 / 14

第2章　决策问题与决策的分类 / 16
- 2.1　决策问题的分类 / 16
  - 2.1.1　结构性决策问题 / 16
  - 2.1.2　非结构性决策问题 / 16
  - 2.1.3　半结构性决策问题 / 17

2.2 决策的分类 / 17
    2.2.1 根据决策主体分类 / 17
    2.2.2 根据决策客体分类 / 18
    2.2.3 根据决策过程分类 / 19
2.3 群体决策 / 19
    2.3.1 群体决策的定义 / 19
    2.3.2 群体决策的兴起 / 20
    2.3.3 群体决策的优势和劣势 / 20
    2.3.4 影响群体决策的因素 / 21
    2.3.5 群体决策的方法及结果产生方式 / 21
课后习题 / 23
案例　上下同欲：宇航人公司决策方式的转变与探索 / 24

第3章　决策的质量测度 / 26

3.1 决策质量的六要素 / 26
    3.1.1 决策者 / 26
    3.1.2 思维框架 / 27
    3.1.3 备选方案 / 27
    3.1.4 偏好 / 28
    3.1.5 信息 / 29
    3.1.6 逻辑 / 29
3.2 精准的决策语言 / 30
    3.2.1 简单性表述原则 / 31
    3.2.2 熟知性表述原则 / 31
    3.2.3 基础性表述原则 / 31
3.3 决策的误区 / 32
课后习题 / 36
案例　透过C919的前世今生看"决策" / 36

第4章　决策的效果及其测度 / 39

4.1 决策效果的影响因素 / 39
    4.1.1 管理团队因素 / 39
    4.1.2 决策因素 / 40
    4.1.3 其他因素 / 41
4.2 决策效果的测度 / 41
4.3 决策效果测度的管理实践 / 42
    4.3.1 决策效果测度的原则 / 43
    4.3.2 决策效果的改进 / 44

课后习题 / 45

案例　风起数字经济，潮涌服务赋能——讯锡科技的成长与抉择 / 45

第 2 篇　商业智能环境与决策改变

第5章　商业智能环境下的决策 / 50

5.1　商业智能环境 / 50
　　5.1.1　商业智能 / 50
　　5.1.2　新型商业智能 / 51
　　5.1.3　商业智能环境的要素 / 51

5.2　商业智能环境下决策的变化和特征 / 52
　　5.2.1　商业压力-反应-支持模型 / 52
　　5.2.2　决策的变化 / 53
　　5.2.3　决策的特征 / 54

5.3　商业智能环境下的决策过程 / 55
　　5.3.1　决策制定过程的4个阶段 / 55
　　5.3.2　决策的信息技术支持 / 56
　　5.3.3　决策支持系统的思维体系 / 57

课后习题 / 58

案例　DT公司销售业务决策的商业智能分析 / 58

第6章　决策支持系统 / 61

6.1　决策支持系统概述 / 61
　　6.1.1　决策支持系统的定义 / 61
　　6.1.2　决策支持系统的特点 / 62
　　6.1.3　决策支持系统的目标和功能 / 62

6.2　决策支持系统的基本结构与分类 / 63
　　6.2.1　决策支持系统的基本结构 / 63
　　6.2.2　决策支持系统的分类 / 64
　　6.2.3　决策支持系统与管理信息系统的关系 / 70

6.3　决策支持系统的优点和局限性 / 70
　　6.3.1　决策支持系统的优点 / 70
　　6.3.2　决策支持系统的局限性 / 71

6.4　决策支持系统的实现 / 71
　　6.4.1　实现决策支持系统涉及的问题 / 71
　　6.4.2　成功实现决策支持系统的决定性因素 / 72
　　6.4.3　决策支持系统实现策略 / 72

课后习题 / 73

案例　数据驱动采销智能决策 / 74

第7章　大数据的决策应用 / 77

7.1　大数据概述 / 77
7.1.1　大数据的定义 / 77
7.1.2　大数据的特征 / 77
7.1.3　大数据的应用 / 78

7.2　大数据对管理决策的影响 / 79
7.2.1　大数据时代的组织和业务变革 / 79
7.2.2　大数据时代的管理变革 / 80
7.2.3　大数据在产业发展中面临的挑战 / 81

7.3　大数据决策的流程及方法 / 83
7.3.1　大数据决策的流程 / 83
7.3.2　大数据决策的方法 / 83

7.4　大数据应用存在的问题与决策优化 / 85
7.4.1　大数据应用存在的问题 / 85
7.4.2　大数据应用的改进与决策优化 / 86

课后习题 / 87
案例　阿里巴巴：把医疗大数据作为发力点 / 87

第 3 篇　科学决策的方法

第8章　决策方法 / 90

8.1　决策方法的起源 / 90
8.2　决策方法体系 / 91
8.2.1　定性决策法 / 91
8.2.2　定量决策法 / 93
8.3　决策方法的应用 / 95

课后习题 / 95
案例　规划建模解决计划冲突：三原公司季度生产决策模拟 / 96

第9章　基本决策方法的应用 / 100

9.1　盈亏平衡分析法 / 100
9.1.1　盈亏平衡分析的定义 / 100
9.1.2　盈亏平衡分析的基本假定 / 100
9.1.3　盈亏平衡点与盈亏额分析 / 101
9.1.4　因素变动对盈亏平衡点的影响 / 104
9.1.5　盈亏平衡分析示例 / 105

9.2 决策树法 / 106
    9.2.1 决策树法的定义 / 106
    9.2.2 决策树法的步骤 / 106
    9.2.3 决策树法的优缺点 / 107
    9.2.4 决策树法的示例 / 107

9.3 准则法 / 108
    9.3.1 准则法的定义 / 108
    9.3.2 准则法的示例 / 109

课后习题 / 110

案例　铜陵精达的低碳之路 / 112

第10章　计划评审技术和关键路径法 / 114

10.1 计划评审技术和关键路径法概述 / 114
    10.1.1 计划评审技术和关键路径法的定义 / 114
    10.1.2 项目网络图 / 115
    10.1.3 计划评审技术和关键路径法的应用步骤 / 115

10.2 算法和实例 / 116
    10.2.1 活动时间确定的项目安排 / 116
    10.2.2 活动时间不确定的项目安排 / 122

10.3 应用的进一步探讨 / 124

课后习题 / 124

案例　大华超市仓库管理项目 / 126

第11章　指派问题 / 128

11.1 指派问题概述 / 128
    11.1.1 什么是指派问题 / 128
    11.1.2 解决指派问题的基本方法 / 129
    11.1.3 指派问题的性质 / 130
    11.1.4 匈牙利法 / 130

11.2 指派问题示例 / 132

11.3 指派问题的进一步探讨 / 133

课后习题 / 134

案例　复杂指派问题举例 / 134

第12章　层次分析法 / 138

12.1 多准则决策 / 138
    12.1.1 多准则决策的定义 / 138
    12.1.2 多准则决策的应用假设 / 139

12.1.3 通用解决方法 / 139

12.2 层次分析法的定义及应用 / 140

    12.2.1 层次分析法的定义 / 140

    12.2.2 层次分析法的优点和缺点 / 140

    12.2.3 层次分析法的步骤 / 141

    12.2.4 层次分析法实例 / 145

12.3 层次分析法的进一步探讨 / 150

课后习题 / 151

案例 神火集团安全文化建设能力评价 / 151

第13章 神经网络预测技术 / 157

13.1 预测概述 / 157

    13.1.1 预测的发展 / 157

    13.1.2 预测的定义 / 158

    13.1.3 预测的可能性 / 158

    13.1.4 预测的不准确性 / 159

13.2 神经网络原理概述 / 160

    13.2.1 生物学神经网络和人工神经网络 / 160

    13.2.2 人工神经网络结构 / 161

    13.2.3 网络信息处理 / 163

13.3 基于人工神经网络的预测方法 / 164

    13.3.1 预测控制 / 164

    13.3.2 基于人工神经网络的建模说明 / 164

课后习题 / 165

案例 人工神经网络在案例检索和案例库维护中的应用 / 166

第14章 社会网络分析法在决策中的应用 / 169

14.1 社会网络分析法概述 / 169

    14.1.1 社会网络的构成要素 / 170

    14.1.2 社会网络分析法的原理 / 170

    14.1.3 社会网络分析法的特征 / 171

14.2 社会网络分析法的分析视角 / 171

    14.2.1 中心度视角分析 / 172

    14.2.2 凝聚子群视角分析 / 174

    14.2.3 核心-边缘结构视角分析 / 174

14.3 社会网络分析法的操作步骤 / 175

14.4 企业管理中社会网络分析法的应用 / 176

    14.4.1 在理论探究阶段应用社会网络分析法 / 176

  14.4.2 从实际应用中探索社会网络分析法 / 176
  14.4.3 基于综合视角系统探究社会网络分析法的应用 / 177
 课后习题 / 178
 案例 学习者的情感网络和学习效果之间的关系 / 178

参考文献 / 181

第1篇
科学决策的基本问题

第1章
决策问题的缘起

本章学习目标

- 理解决策的内涵、基本原则和影响因素。
- 掌握决策的要素。
- 了解决策理论发展的脉络。

1.1 决策概述

1.1.1 决策的内涵

社会生活是由成千上万个实践活动组成的,而实践是人们为了达到一定的目标而进行的一系列思考,并做出相应的取舍与选择,进而采取行动的过程。决策不仅贯穿于实践活动的整个过程,也存在于整个经济社会发展过程中。人们通过思考、分析做出决策,使自身能够更好地适应社会的发展,与自然和谐共生,以获取自身生存与发展的空间。

从古至今,思想、政治、经济、军事等领域都曾出现过许多决策领袖、决策事件、决策案例,如田忌赛马、诸葛亮草船借箭、毛泽东指挥三大战役、邓小平推行改革开放等,传颂至今。我们的祖先也为我们留下了许多蕴含决策思想的经典著作,如《孙子兵法》《资治通鉴》《史记》等,其中蕴藏了大量决策智慧,对当今时代仍具有重要的参考价值和借鉴意义。不同的环境下,不同的决策主体要将新时代决策理论、决策方法与传统决策经验相结合,以适应快速发展的社会。

数智时代的到来使全球各个领域的发展情况与发展环境日趋复杂化,竞争更加激烈,决策的重要性进一步提升,科学的决策可以在一定程度上帮助决策主体高效、精准地实现目标,促进社会进步。因此,越来越多的学者和管理者对决策理论与方法进行了更加深入的探索,使决策理论更加贴近实际,提升决策理论与实际应用的结合程度,使决策理论更好地满足新时代的发展要求,进一步实现决策理论和方法的更迭与进步。

在已有的决策理论中,决策的定义通常有狭义和广义之分。狭义来说,决策是指人们为达到目标,在众多可行方案中做出最终抉择,即通常意义上的"敲定"。广义来说,决策是一个完整、系统的过程。人们为了达成目标，识别和定义面对的问题，分析客观存在的基础条件与外部环境，根据已有的经验和教训，对主观与客观条件进行分析，提出达成目标的一系列具有可行性的高价值方案，并通过信息技术，以及科学、专业的方法和手段对现有方案进行探讨与比较、分析与筛选、评价与改进，进而筛选出最具价值与最有可行性的方案，同时关注决策方案执行和实施的过程，关注不同阶段出现的问题反馈，根据实时反馈情况进行记录、修改和调控，为后续其他决策积累经验和教训，上述系列步骤直至目标达成的过程称为决策，如图1-1所示。

可以进一步说明的是，决策以明确的目标和实践行动为基础，没有目标则没有明确的方向，就无法进行决策；同样，没有付诸实践活动，则没有进行决策的必要。决策是面向以后，为了创造更加美好的未来而抓住机会、解决问题做出的计划与方案。决策是一个过程，而不是转瞬即逝的短暂行为，决策的制定不仅要进行信息搜索、目标制定、方案筛选等缜密、细致的准备工作，也要有实时检查并纠正偏差的监督、修正和完善过程，才能使决策的理论意义与实践意义达到最大化。

图1-1 决策的过程

1.1.2 决策的基本原则

决策的原则是人们为了尊重客观规律和满足客观要求，在制定、执行、修改决策或实施计划等一系列过程中所遵守的行为准则。决策不仅需要人们过往的经验、教训和集体智慧作为参考，也需要充分考虑决策过程中内部与外部的客观环境，如技术的可行性、制度的可靠性、资金的保障程度、安全水平、人才的专业度等。科学的决策需要依靠一定的程序、技术、方法与合作。无规矩不成方圆，有序、高效的决策需要基于一定的思路并建立在一定的原则之上，这些基本原则包括可行性原则、经济性原则、民主性原则、整体性原则、预估性原则和科学性原则。

1. 可行性原则

决策的可行性原则要求决策者必须从客观事实出发，在尊重实际、考虑全面、合情合法、择优选择等基础上进行决策。人们为了达到目标会寻求各种各样的备选方案，这个过程中需要考虑可行性原则，即通过分析决策方案的利弊为最终的决定提供参考依据。在努力达成目标的过程中，会受到各类因素影响，例如基础设施的完备性、团队内部的合作气氛、组织外部环境的动荡性和竞争压力、领导的支持力度、资金的周转率、制度和标准的限制等，因此必须充分考虑、全面分析各种制约因素，充分发挥团队力量和集体智慧，提前准备多项备用方案，以应对突发情况。

任何一个决策的背后都是机遇与风险并存的，在决策过程中应该尽可能发掘一切可行方案，并利用大数据等技术，通过团队头脑风暴、专业技术分析等对各种方案进行全面的比较与分析。这既要考虑自身的目标需求又要考虑方案在执行过程中的难易程度，既要考虑决策执行过程中的机会也要考虑竞争风险等。同时，在制定方案、敲定方案的过程中必须严格践行道德与法律的统一，决策的制定与执行一定是不能脱离社会的，必须遵守社会道德规范与法律法规，不得损人利己、损害社会。最终敲定的方案一定是从众多方案中选择出来的最优方案，是通过实地调研、数据分析、反复权衡等一系列科学论证后得到的具有最大经济效益、社会效益和最高效率的最优方案。

例如，为满足社会对电能的需求，可以建设火电站和水电站。人们普遍认为，火电站的投资要比水电站便宜，应该建火电站。实际上，虽然水电站的基建工程量要大于火电站，但在运行过程中，水电站不需要消耗燃料，运行管理比较简单，生产管理人员较少，成本费用和消耗费用都要低于火电站，而且水电站更环保。因此，在对比备选方案时，要遵循决策的可行性原则，从客观事实出发，不能只是考虑前期投入，还应考虑后期运营过程中产生的费用，全面综合对比后，选择合适的方案。

2. 经济性原则

决策的经济性原则是指在决策的过程中要考虑投入与产出的关系，也就是既要考虑企业的成本与收益，也要把经济效益和社会效益结合起来一起考虑，争取用最小的人力、物力、财力消耗获得最大的经济和社会收益。任何事情都需要一定的投入才能有所收获，不同的决策所带来的经济效益与社会效益是不一样的，需要投入的成本也是不同的，因此，需要考虑众多因素后从众多选择中敲定一个最优决策，即决策应该满足经济性原则，使执行这项决策所需要付出的代价小于即将取得的成果。

例如，如果企业要建一个糖厂，基建投资需要1000万元，投产后每年可获利300万元，则该项目的投资效果系数为300/1000=0.3。通过这种计算方式，决策者可以计算出几个备选方案的投资效果系数，以此确定哪一个方案更好，从而满足经济性原则。

3. 民主性原则

决策的民主性原则是指决策的制定过程中应充分发挥团队的集体智慧优势，而不是单纯地依靠某个人。决策者要采用一系列措施激励团队成员积极参与决策的制定和实施，发挥团队成员的集体创造性，提高决策的民主性，使决策的制定、执行更加科学。

践行决策的民主性原则时，领导者应彰显团队凝聚的主心骨作用。首先，领导者必须给予团队成员在此次工作中的地位或权力，而不是凭空激励团队成员，只有让团队成员有工作归属感才能提升成员们的责任感，使其意识到自身有责任保证此次活动的顺利、有效进行。领导者与团队成员是决策的制定者与决策的执行者，他们互相监督、互相配合，充分调动团队的主动性和创造性，达到优势互补的效果。在决策过程中，参与者有充分的空间发挥自己的创造性，有宽松的氛围鼓励他们建言献策，进而提升组织整体的决策水平和执行能力，增强决策的科学性和可操作性。其次，领导者要注意权力集中与权力下放，既不能过于专制独裁，又不能过分分权从而使意见不能有效筛选、集中和敲定。也就是说，具有创新性的点子既要依靠集体的智慧来挖掘，又不能在这个过程中使权力过于分散造成极端状态，需要在对集体进行有效的组织和管理的基础上依靠团队整体的力量解决问题。最后，领导者应不断地为组织吸纳不同类型的人才，组建不同类型的智囊小组，依靠集体的智慧进行决策，使组织自身更好地成长。

例如，人们所熟知的诸葛亮，作为历史上的风云人物，他运筹帷幄，做出"神机妙算"般的决策，一直被后人比作智慧的化身。《诸葛亮集》中多处提到他"广咨问"，通过向下属请教来制定决策。特别是在"与群下教"这篇短文中，诸葛亮更是集中阐述了"集众思，广忠益"的重要性。

4. 整体性原则

决策的整体性原则要求决策者在制定决策时应用整体性、全局性的眼光来看待问题，将决策对象看作一个完整的整体，而不是被分割的各部分，整体内部互联互通、相互依存、相互影响。践行整体性原则一定要以广泛的信息收集作为基础，更高效地了解系统各个部分的情况，只有秉持整体化最优的视角才能使系统整体保持稳定和平衡。因此，决策的过程中不能单一地衡量分目标，而要将分目标放入整体中进行分析和权衡，总目标也应对分目标有一定的协调作用。

例如，毛泽东非常注重决策的整体性，1927年大革命失败后，毛泽东深刻分析中国当时的国情和革命所面临的形势，从中国特殊国情出发，做出科学预见，最终决定放弃攻打大城市的计划，将革命力量转向农村，率先建立第一个农村革命根据地，走上了"农村包围城市，最后夺取全国胜利"的正确道路。

5. 预估性原则

决策的预估性原则是人们制定决策的基础。预估是对未来机遇和挑战、风险和收益的提前预判，是人们利用现代化技术和先进的知识，并结合过往的经验和教训，对未来进行的判断。预估性原则要求决策者广泛搜集过往类似或相关知识和经验，获取活动的相关知识基础，并利用5G、大数据等技术对现有的内外部情况进行综合、专业的分析，经过反复思考和考量后进一步制定决策。决策者不能单纯地将某个人或将某些相似事件照搬套用，依靠主观臆测去制定决策，必须把科学的分析流程作为预估的依据。决策的科学性和准确性在一定程度上取决于制定决策前对未来成果、风险或后果等各种可能情况预估的科学性和准确性，对可能出现的好的结果或不尽如人意的结果进行提前预判，使决策者针对有可能出现的突发事件做出预案，以降低风险，增强决策的准确性，提高目标达成的成功率。因此，决策的制定必须将预估性原则考虑在内。

随着科技的进步，企业面临的外部与内部环境越来越复杂，这为决策者制定科学、合理的决策提出了更高的要求。因此，决策者在进行决策的过程中要遵循预估性原则，减少不必要的损失。例如，企业决策者在决定要不要进入某一市场的时候，不能单纯地依靠自己过往的经验进行主观判断，应预想到进入这一市场可能出现的几种结果，并制定相应的解决方案，通过专业团队的分析，应用现代化技术与专业知识，结合过往的经验，做出符合实际、合情合理，且具有一定可行性的预测。

6. 科学性原则

决策的科学性原则蕴含于决策的各个原则之中，贯穿决策的整个过程。决策者在践行科学性原则时可以参考的依据有很多，诸如结合当下社会发展不断更新的现代管理理论、案例分析实践、组织发展实践等，迭代速度不断加快的数字技术等也为决策的科学性提供了有力支持。决策的科学性与人们的思想观念、制定决策的程序和规则、制定决策的方法和手段、决策所面临的外部环境等是互联互通、互相影响的，只有将科学性原则渗透于决策制定的各个环节，才能将理论与实践结合，提升决策的科学性，进而提升决策的整体水平。

领导者和参与者的思想观念受其自身的知识水平、过往经历、职位等不同因素的影响，因此要不断学习，用科学的理论武装自己的头脑，使做出的决策更好地帮助组织和社会获取效益，而不是阻碍社会发展。制定决策的程序和规则也应遵守科学性原则。决策的流程影响着决策制定和实施过程的条理性与规范性，因此应制定一系列科学化流程和标准，并根据不同的情况对决策制定的程序做出适当的调整。制定决策的方法和手段也应遵守科学性原则。随着数字时代的到来，制定决策的方法和手段越来越多样化、专业化，各种方法之间可以互相补充，因此应将各类方法结合使用，并不断探索更加科学、更加与时俱进的决策方法。决策所面临的外部环境也很复杂，因此决策的制定机构应是一个完整的组织机构，需要有信息搜集系统、建言献策的智囊团系统、高效执行的运营系统、掌握方向的领导系统、把控风险和进行监督的风控系统等，这些系统的协调与配合提升了决策制定的科学性，也进一步推动了决策的民主性和可行性。

例如，宝钢在建设引水工程时，总指挥部基本确定了两个方案，一是通过淀山湖引水，二是在长江边筑库引水，然后正式委托上海市设计院制定引水工程的可行性方案，后又委托上海科技协会再次论证方案的可行性，经过反复论证，最终确定采用在长江边筑库引水的方案。

1.1.3 决策的影响因素

决策的影响因素有组织所处的环境、组织的历史、决策者的特点及组织文化等。

1. 组织所处的环境

环境是组织做出决策的土壤，且环境往往是决策的最直接影响因素。随着时代的发展、科学技术的进步、经济全球化趋势的显著，外部环境的变化越来越快，与此同时，对决策的影响越来越大。例如，在"双减"政策背景下，新东方为寻求新的发展空间和盈利模式，开发了以农业扶贫为主题的电商平台"东方甄选"，这是环境促使决策改变的典型案例。由此可见，企业经营过程中，决策者要重视企业外部环境的变化，及时调整决策，顺应时代发展。

2. 组织的历史

由于决策一般是基于组织过往积累，针对新问题做出的，因此组织做任何决策时，都要考虑自身的历史因素。组织过去的特点、过去在决策中遇到的问题都会在不同程度上影响当前的决策。组织历史是组织管理团队逐步摸索与完善管理理念的过程,包括企业创立、成长、成熟、整合与蜕变等阶段,凝聚了企业成长过程中诸多经验和教训,因此,可以对决策者科学决策起到一定的指导作用。

3. 决策者的特点

决策者的特点对组织决策有重要的影响。第一,决策者可以是个体,也可以是群体,如某上市企业的总经理(个体)或董事会(群体);第二,决策者受社会、政治、经济、文化、心理等因素影响的经验和经历,会影响其对不同方案的选择;第三,决策者的风险偏好程度也会影响其对方案的选择。例如,有学者研究了企业CEO的财务工作经历对企业资本结构的影响,研究结果表明,拥有财务工作经历的CEO可以显著提高公司的负债水平,加快资本结构的调整速度,并降低资本结构偏离目标的程度,这说明有财务工作经历的CEO对公司资本结构决策具有正面的影响。

4. 组织文化

决策通常会带来变革。人们对待组织变化和变革的态度,在根本上取决于组织文化的特点,取决于组织文化所创造的价值观念和行为准则。组织文化在企业中可以起到导向、约束、激励的作用,例如,对于科技型企业,"客观、公正、科学、效益"是其追求的目标,因此,很多科技型企业的组织文化会带有刻苦攻关、合作竞争的气息。在这样的组织文化的引领下,企业的科研人员、管理人员敢于竞争,奋发向上,不断进行自我调整,从而攻克一个又一个技术难关。

1.2 决策的要素

作为管理者,在管理和决策的过程中需要应对世事的复杂性与不确定性,走出无意识的偏见和心理误区,不断提升决策的效率和有效性。一个具有科学性和可行性的决策应具备以下要素:决策者、决策目标、决策方案、决策情境、决策结果、决策准则、决策方法和决策制度。这些要素互相影响、不可分割,是一个整体,只有各要素协调配合才能使决策系统更加完整和高效。

1.2.1 决策者

决策者即做决策的人,是决策主体,既可以是某个个体,也可以是一个群体。例如,产品开发需要建立团队,团队成为进行各项产品开发活动的主体,也是产品开发活动的决策主体。决策者的决策受社会政治、经济、文化等外部因素的影响,同时也受个人心理、过往经验、团队氛围等个人和内部因素的影响。无论是个体决策还是群体决策,都应该在决策过程中尽可能地保持理性。

1.2.2 决策目标

决策目标是决策必不可少的一部分，决策者必须根据实际情况确定决策所需要达到的目标，可以是单目标，也可以是多目标，还可以有多个小目标。只有目标明确，才能进行后续的一系列工作，例如产品开发的目标是新产品开发的种类、数量、技术等。

1.2.3 决策方案

人们在决策过程中往往会制定多种方案，以供参考和备选，这些方案是指实现决策目标所采取的具体措施和手段。因为所面临的情况是不同的，所面对的约束条件组合也是多种多样的，决策者将从两个或两个以上的方案中通过专业化手段选择合理或最优的方案。例如，产品开发需要制定各种方案，确定研发哪种产品、使用哪种技术、如何分工等。要找出最优的方案需要提前挖掘所有可能的方案，并进行反复地筛选、比较，从而选择最具科学性、最有可行性和效益最高的方案。

1.2.4 决策情境

决策情境是决策者在制定和实施决策时所面临的客观状态，可以分为确定性情境和不确定性情境。不确定性情境真实存在于每一次决策制定和实施过程中，会对决策制定和实施的结果产生影响，但是决策主体很难完全控制这些不确定性情境中的因素，例如竞争对手的技术水平、市场需求的变化趋势。

1.2.5 决策结果

决策结果是各类决策方案在运行之后所呈现的不同状态，结果不是单一的好或坏，而是有多种可能。决策者需要根据不同的结果总结经验和教训，进而为下一个阶段的决策提供修正、调整依据。

1.2.6 决策准则

决策准则不仅包括决策制定的原则，也包括决策执行中的修正标准、决策执行后的评价方案和决策运行过程中的各项制度、标准。决策准则在很大程度上取决于决策者的领导风格、价值观念和管理理念。例如，产品开发团队中由谁来做出每项决策，是指定一个团队负责人，还是实行团队负责人轮值，这就是决策的制度安排。可行性原则、科学性原则等就是决策制定与执行的原则。

1.2.7 决策方法

决策方法是人们在制定决策的过程中所利用的理论基础、技术手段、算法模型、激励措施、分配制度等,通过利用一切可以利用的资源,充分发挥集体智慧和集体的主动性、创造力。各种决策方法不是单一存在的,可以将不同的决策方法相结合来提高决策质量。

1.2.8 决策制度

决策制度包含对决策主体、决策参与人员的职务、职位等内容的设计与安排。决策参与人员必须从事和决策目标相一致的工作,才能激发其在决策的过程中行使权利和履行义务的动力。在人员安排的过程中,应考虑成员之间的关系,明确承担不同工作的成员的责任划分、权利、义务、利益等,并确定合理的工作模式。

1.3 决策理论的发展

20世纪,决策理论正式发展成为一门科学。决策理论是有关决策概念、原理、学说等的总称。科学化的决策理论是第二次世界大战以后发展起来的系统理论,综合了系统理论、运筹学、计算机科学等,运用于管理决策科学,是一个有关决策过程、准则、类型及方法的较完整的理论体系。

1.3.1 西蒙的决策理论

决策理论形成初期,以诺贝尔经济学奖得主赫伯特·西蒙(Herbert Simon)为主要代表人物,他创立了较为权威的决策理论学派。西蒙于1916年6月15日生于美国威斯康星州密尔沃基市,是经济学家和社会科学家,在管理学、组织行为学、经济学、政治学、人工智能等方面均有所造诣。1933—1936年,西蒙就读于芝加哥大学政治系并获得文学学士学位。在芝加哥大学期间,西蒙学习了大量经济学和政治学方面的基础知识,并熟练地掌握了高等数学、符号逻辑和数理统计等学科的知识,西蒙在1939—1942年担任加利福尼亚大学一个研究小组的主任,从事地方政府研究工作,并完成了关于管理决策制定的博士论文,该论文为他的经典著作《管理行为》(1947)奠定了基础。西蒙于1943年获博士学位,1943—1949年,先后在芝加哥大学、伯克利大学和伊利诺伊理工学院任教,1949年以后一直在卡内基-梅隆大学任教。1978年,由于在决策理论的研究中做出了杰出贡献,西蒙获得了诺贝尔经济学奖。西蒙的主要论著见表1-1。

表1-1　赫伯特·西蒙的主要论著

名称	出版或发表时间
《管理行为》	1947年、1957年、1976年
《组织理论的比较》	1952年
《组织》	1958年
《管理决策新科学》	1960年
《发明的模型》	1977年
《思想模型》	1979年
《有限理性模型》	1982年

西蒙一生中一直围绕组织内部的决策而展开研究。在《管理决策新科学》中，他特别强调："决策几乎与管理是同义的。"在《管理行为》前言里，他说："除了几个假设的结论，我没有任何管理原理。如果一定要说本书包含了什么'理论'的话，那就只有'决策行为是管理的核心'。……管理理论的词汇必须从人类抉择的逻辑学和心理学中导出。"他认为管理的本质是决策，所有管理工作都是围绕着决策的制定和组织实施来进行的。西蒙因其关于组织决策的相关研究而被称为决策理论的主要代表人物，西蒙创立的决策理论学派奠定了决策学说的基石。

西蒙决策理论的主要观点如下。

1. 管理就是决策，决策贯穿整个管理过程

决策理论的形成是管理理论发展的新阶段。西蒙等认为，决策是组织及其活动的基础，组织是作为决策者的个人所组成的系统。组织之所以存在，是因为所有组织成员做出了参加组织的决策，这也是任何组织的任何成员的第一个选择(决策)。在这以后，组织成员还要做出其他决策。但由于个人目标已经退居次要地位，从属于组织目标，因而个人决策也往往从属于组织的需要，个人同组织一体化。

组织的全部管理活动就是决策。制订计划的过程是决策，在两个以上的可行方案中选择一个也是决策，组织设计、机构选择、权力分配属于组织决策，实际同计划的比较、检测和评价标准的选择属于控制决策，等等。总之，决策贯穿管理各个方面和全部过程，管理就是决策。

2. 决策过程

决策并非一些不同的、间断的瞬间行动，而是一个由一系列相互联系的工作构成的过程。这个过程包括4个阶段的工作。

一是情报阶段：其任务是找出制定决策的根据，即收集情报，为拟定的行动方案提供依据。

二是设计阶段：其任务是在情报活动的基础上设计、分析，找到可能的行动方案。

三是抉择阶段：其任务是在诸多行动方案中进行抉择，即根据当时的情况和对未来发展的预测，从各个备选行动方案中选定一个。

四是实施阶段：其任务是对已选择的方案及其实施进行评价。这是决策过程的最后一个阶段，对于保证所选方案的可行性和顺利实施而言，也是关键的一个阶段。

3. 决策的准则

决策应采用"有限度的理性"准则或标准。决策的核心是进行选择，而要进行正确的选择，就必须基于合理的标准对各种可行方案进行评价。

西蒙认为，人们习惯上运用"最优"或"绝对的理性"作为决策的准则。根据这个准则进行决策需要三个前提：一是决策者清楚知道所有可供选择的方案及其执行结果；二是决策者具有无限的估算能力；三是决策者对各种可能的结果有一个"完全而一贯的优先顺序"预估。由于决策者受认知能力、时间、经费及情报来源等的限制，不可能完全具备这些前提，所以有限度的理性导致管理者寻求"符合要求的"或"令人满意的"措施。也就是说，人的行为是为了达到一定目的的，人在决策时由于没有得到"最优解"的才智和条件，不能坚持要求得到最理想的解答，所以只能满足于"令人满意的"这一准则。

4. 程序化决策和非程序化决策

西蒙的决策理论对非程序化决策的方法进行了详细的研究。他基于心理学的观点和运筹学的手段，提出了一系列指导企业管理人员处理非例行化、非程序化决策的技术。

西蒙把组织活动分为两类：一类是例行活动，就是那些常规性、反复性的例行工作，可以制定一系列程序化决策来处理。例如，生产线的常规安排、办公用品的订购、患病职工的工资安排等，有关这类活动是经常、反复出现的，而且有一定的结构，因此可以建立一定的决策程序，每当出现这类活动或问题时，就利用既定的程序来解决，而不需要重新研究，处理这类问题的决策叫程序化决策。另一类是非例行活动，是指那些从未发生过，或其确切的性质和结构不确定或很复杂，又或其决策过程和决策方法没有固定的规律可以遵循，没有固定的决策规则和通用模型可依。例如，某公司决定在异国投资的决策、新产品的研制与发展决策等，处理这类问题没有一成不变的方法和程序，因为这类问题从未发生过，或其性质和结构尚未明确，又或其十分重要而需要用特别方式加以处理，解决这类问题的决策叫非程序化决策。

5. 西蒙决策理论的贡献

西蒙决策理论首先对复杂的管理活动进行了高度的理论概括，并充分考虑经营管理的整个领域及其环境，使管理理论围绕决策这个中心发展。同时，决策理论的系统结构可以向管理者提供一种分析、解决问题的系统方法。西蒙决策理论鼓励管理者去发现和探寻各种潜在性及可能发生的自然状态，并充分运用各种科学知识和技术手段，形成比较全面、系统的管理方法和技术，使管理具有一定的可操作性。

6. 西蒙决策理论的局限性

西蒙决策理论作为一种主流的一般管理理论，未能全面反映管理活动的规律性，缺乏对一般管理关系和环节的分析，忽视了管理工作要比决策工作多得多、复杂得多这个事实。所以，从根本上说，西蒙决策理论属于管理方法、手段或技术方面的管理理论。从本质上说，西蒙决策理论关注管理决策理论，而未包括根据生产、销售、资本运营等企业组织的工作内容而进行的业务(或经营)决策内容。

1.3.2 其他决策理论学派

1. 古典决策理论

古典决策理论又称规范决策理论，是基于"经济人"假设提出来的，主要盛行于20世纪50年代以前。古典决策理论认为，应该从经济的角度来看待决策问题，即决策的目的在于为组织获取最大的经济利益。古典决策模型是古典决策理论实现的重要工具，代表一种理想的决策模型。在程序化决策、确定型决策与风险型决策中，古典决策模型具有很强的应用价值。

古典决策理论假设决策者是完全理性的，决策环境的稳定与否是可以被改变的，决策者充分了解有关信息情报，所以可以做出达成组织目标的最佳决策。古典决策理论忽视了非经济因素在决策中的作用，不一定能指导实际的决策活动，从而逐渐被更全面的行为决策理论代替。

2. 行为决策理论

行为决策理论是从组织行为学的角度探讨决策过程的理论，最早出现于巴纳德、J. G. 马奇、赫伯特·西蒙和塞厄特等关于个人、团体及组织的理论中，理论的主要前提是决策是组织中行为及绩效的基本过程。

古典决策理论把人看作具有绝对理性的"理性人"或"经济人"，认为在决策时，人们会本能地遵循最优化原则选择方案，而行为决策理论则认为这十分困难。为此，西蒙用"令人满意的"原则来代替"最优化"。行为决策理论考察实际决策中所受到的动机、认知及计量上的限制，找到一个"令人满意的"决策方案。

3. 现代决策理论

继古典决策理论和行为决策理论之后，决策理论有了进一步发展，过渡到现代决策理论。在赫伯特·西蒙和J. G. 马奇等的理论基础上，形成了与传统决策理论有差别且内容更为丰富的观点。

现代决策理论吸收行为科学、系统理论及运筹学等新兴学科的理论和方法，突出体现了决策在管理中的地位。因此，通常认为管理的过程就是决策的过程，制订计划是决策，选定方案也是决策。组织的设计、部门方案的选择、决策权限的分配等，是组织决策；实践中的比较、控制手段的选择等，是控制决策。现代决策理论认为决策贯穿管理的各个方面和全部过程，是全部管理活动的中心。

1.3.3 决策理论的发展趋势

决策理论发展过程中,决策理论、决策方法、决策本质等已有较为系统的阐述和诠释。随着决策实践的发展,受复杂多变的决策环境及决策者本身的限制,人们在经验和知识逐渐积累、思维能力不断提高的基础上,不断更新对决策活动的认识、思考和评价,逐渐产生对决策的新要求。

决策科学理论在融合各学科、各专业方向的基础上,继续呈现多学科知识交融的态势,表现为与复杂性科学、计算机科学、生命科学、认知科学、社会科学、管理科学的结合不断深入,应用的领域日益多元和广泛,是做好组织管理和管理决策的重要与必备学科。

课后习题

1. 如何理解决策的内涵?
2. 说出一个对你影响最大的决策,描述决策过程。
3. 一般情况下,哪些因素会影响决策?
4. 说一说西蒙决策理论的主要思想。
5. 描述决策理论学派的演进过程。
6. 决策理论家萨凡奇(Sovage)曾举了一个关于鸡蛋煎饼的无数据决策的例子来说明决策的内容和过程。

一名家庭主妇准备用6个鸡蛋和一碗面粉做鸡蛋煎饼。她的做法是先把鸡蛋打到碗里,然后再向碗里搅入面粉。当她已经向碗里打了5个鸡蛋(假设这5个鸡蛋都是好的)并准备打第6个鸡蛋时,由于不知道第6个鸡蛋是好还是坏,她将面临两种可能的状态。

状态1:第6个鸡蛋是好的。
状态2:第6个鸡蛋是坏的。
由于鸡蛋状态的不确定性,她将面临3个不同的可供选择的方案。
方案a:将第6个鸡蛋直接打入已有5个鸡蛋的碗里。
方案b:将第6个鸡蛋打入另外一个碗里以便检查其好坏。
方案c:将第6个鸡蛋扔掉。

将上述每一个打蛋方案和每一种鸡蛋状态列成表格来进一步分析每一个方案在每种状态下的结果,如表1-2所示。

表1-2 打蛋方案和鸡蛋质量状态表

可选择的方案	状态1	状态2
方案a	6个鸡蛋的煎饼	浪费5个鸡蛋,得到无蛋的煎饼
方案b	6个鸡蛋的煎饼,多洗一个碗	5个鸡蛋的煎饼,多洗一个碗
方案c	5个鸡蛋的煎饼,浪费一个好蛋	5个鸡蛋的煎饼

上述三个方案应如何决策,请根据决策分析的几个基本要素进行阐述。

案例

长征拉开序幕

20世纪30年代初,日本帝国主义侵占中国东北,并企图进一步侵占中国全境,中华民族到了最危险的时期。中国共产党和全国各族人民掀起了强大的抗日救亡浪潮,进行了长期不懈的斗争。

但是,国民党政府置民族危亡于不顾,推行"攘外必先安内"政策,集结重兵,一次又一次地向中国共产党领导的各个革命根据地和中国工农红军发动"围剿",企图消灭革命力量。为此,中国共产党领导各个革命根据地和中国工农红军进行了多次艰苦卓绝的反"围剿"斗争。

从1931年1月党的第六届四中全会开始,王明"左"倾教条主义在中共中央占据了统治地位。同年9月,由于王明将到莫斯科担任中共中央驻共产国际代表团团长,中共临时中央在上海成立,主要负责人是"左"倾教条主义的代表人物秦邦宪(博古)。1933年1月,中央领导机关迁到中央革命根据地,于1934年1月召开了以"反对主要危险的右倾机会主义和反对右倾机会主义的调和态度"为目的的党的第六届五中全会,"左"倾教条主义达到顶峰。

1933年9月,蒋介石调集国民党军100万兵力对各个革命根据地进行第五次大规模军事"围剿",其中50万兵力用于围攻中央革命根据地。国民党军采用持久战和堡垒主义的新战术,于28日占领黎川。9月,共产国际派来的军事顾问李德自上海来到瑞金。博古和李德一起直接控制了红军的指挥权,推行单纯防御的军事路线,先是实行进攻中的冒险主义,遇到挫折后又实行防御中的保守主义。从1934年1月下旬到3月下旬,红军在许多战役、战斗中失利。从4月中旬至下旬,国民党军集中11个师进攻广昌,企图打开中央革命根据地的"北大门",尔后夺取中华苏维埃共和国的首都——瑞金。中共中央的"左"倾领导者为了保卫广昌,调集红军主力9个师的兵力,死打硬拼,采用阵地防御结合"短促突击"的战法,同国民党军决战。虽然红军给予国民党军重大打击,但红军主力也遭受重大损失,终于被迫撤出广昌。接着,在敌军新的进攻面前,"左"倾领导者又兵分六路全线防御,使红军和中央革命根据地遭受重大损失。

这时,蒋介石坚持对日本妥协、对内内战,导致国民党政府的营垒中出现分裂。蒋介石把积极抗日的国民革命军第十九路军派往福建,企图借刀杀人,使中国工农红军与第十九路军互相残杀,借以达到"一石二鸟"的效果。第十九路军识破了蒋介石的计谋,开赴福建后立即与中国共产党和中国工农红军取得联系。1933年10月26日,中华苏维埃共和国临时中央政府及中国工农红军全权代表潘汉年和国民党福建省政府及第十九路军全权代表徐名鸿在瑞金草签了《反日反蒋的初步协定》。11月20日,第十九路军将领蔡廷锴、蒋光鼐与国民党内李济深、陈铭枢等一部分反蒋势力发动福建事变,在福州成立抗日反蒋的"中华共和国人民革命政府"。蒋介石迅速从"围剿"中央革命根据地的北路军中抽调11个师(包括在江浙一带的第八十七师、第八十八师)入闽,自任"讨逆军"总司令,向第十九路军和福建人民革命政府发动进攻。在蒋介石的军事压力下，第十九路军内部发生分化，1934年1月，历时53天的福建人民革命政府遂告失败。关于第十九路军的阶级性质，毛泽东后来在《论反对日本帝国主义的策略》的报告中做了进一步分析，指出他们代表着民族资产阶级、上层小资产阶级、乡村的富农和小地主，同以蒋介石为代表的地主阶级、买办阶级是有区别的。中共中央犯了"左"倾关门主义错误，在军事上没有给予第十九路军应有的支援，主动放弃了这个在第五次反"围剿"中可以团结互助的同盟军。

中央革命根据地的第五次反"围剿"斗争，在中国共产党内"左"倾教条主义领导者的错误领导下，屡次失利。1934年7月，中共中央、中华苏维埃共和国中央临时政府、中华苏维埃共和国中央革命军事委员会发布命令，由红七军团作为"中国工农红军北上抗日先遣队"向闽、浙、赣、皖边一带进军，由红六军团从湘赣革命根据地突围西征，由此拉开长征序幕。

(案例来源：薛庆超.长征中的重大决策[M].成都：四川人民出版社，2010.)

思考题

1. 运用所学知识描述本案例中的问题和决策。
2. 结合当时形势，分析中共中央为何决定长征，做出长征决策为中共中央后续决策提供了什么支持。
3. 通过长征的决策，分析决策的重要性和关键意义。

第2章 决策问题与决策的分类

本章学习目标

- 能够判断决策问题的属性。
- 熟悉几种常见的决策分类。
- 掌握群体决策的定义和相关内容。

2.1 决策问题的分类

决策问题的结构化程度是指对某一决策问题的决策过程、决策环境、决策标准和决策规律,用明确的语言(数学的或逻辑学的、形式的或非形式的、定量的或定性的)说明或描述的程度。

2.1.1 结构性决策问题

结构性决策问题相对比较简单、直接,其决策过程和决策方法有固定的规律可以遵循,能用明确的语言和模型加以描述,并可依据一定的通用模型和决策规则实现其决策过程的基本自动化。对于结构性决策问题,早期的多数管理信息系统就能够解决,例如应用运筹学方法等求解资源优化问题。管理者也可以采用各种程序、规则和政策解决现实中的结构性决策问题,如饲料配方、生产计划、产线调度、常规采购等。

2.1.2 非结构性决策问题

非结构性决策问题的决策过程复杂,其决策过程和决策方法没有固定的规律可以遵循,没有固定的决策规则和通用模型可依,决策者的主观行为(学识、经验、直觉、判断力、洞察力、个人偏好和决策风格等)对各阶段的决策效果有一定的影响。事实上,管理者经常遇到的问题是非结构性决策问题,往往会根据掌握的情况和数据临时做出决定。对于非结构性决策问题，决策者需要采用非程序化、有针对性的解决方案。现实中的非结构性决策问题有聘用人员、为杂志选封面等。

2.1.3 半结构性决策问题

半结构性决策问题介于上述两者之间，其决策过程和决策方法有一定规律可以遵循，但又不能完全确定，即有所了解但不全面，有所分析但不确切，有所估计但不确定。这样的决策问题一般可适当建立模型，但无法确定最优方案。现实生活中的半结构性决策问题有开发市场、确定经费预算等。

在组织中，结构性决策问题与程序化决策对应，而非结构性决策问题与非程序化决策对应。组织中(或者企业中)的中低层次管理者主要处理的问题是结构性问题，他们只需要按照标准程序进行决策即可，而中高层管理者面临的问题大都是半结构性问题和非结构性问题。

2.2 决策的分类

决策主体、决策客体及决策过程的复杂性，以及活动的多样性决定了决策的类型必然是多种多样的，而不同的决策类型需要采用不同的决策方法，以提升决策的科学性和准确性。因此，本书根据不同的标准对决策进行了分类。

2.2.1 根据决策主体分类

1. 根据决策者的决策逻辑分类

根据决策者本身情况的不同，可以将决策划分为理性决策、有限理性决策、直觉决策。

理性决策是指决策者在做决策时受理性主导而非感性主导，决策者会做出符合逻辑且具有逻辑一致性的选择，以实现价值的最大化。通常情况下，决策者面临的问题是明确的，且有一个具体而明确的目标，知道所有可能的备选方案和可能产生的结果。有限理性决策指决策者受限于自身获得信息的能力(时间、空间、关系)，在不完全信息条件下，做决策时只能寻求"令人满意的"决策。直觉决策又被称为无意识的推理，是指决策者根据经验、价值或者道德基础、情感、潜意识、认知制定决策，是有限理性决策和理性决策的补充。

2. 根据决策主体的数量分类

根据决策主体数量的不同，可以将决策分为个体决策和群体决策。在不同情况下，应该找到最合适的决策方式，因为两种决策都具有各自的优缺点。随着决策环境的变化和组织的发展，越来越多的问题都会由群体决策来解决，而群体决策一般通过团队、委员会和小组等形式完成(群体决策的具体内容会在2.3节中详细介绍)。

3. 根据决策主体的层次分类

根据决策主体层次的不同，可以将决策分为基层决策、中层决策和高层决策。

一个组织的系统包括不同类型和不同层级的决策主体。基层决策是由基层管理者制定并参与和监督执行的决策。基层决策的复杂程度较低，属于简单的事务型决策，决策的确定性程度高，具体化程度高，执行性的任务较多。中层决策是指由中层管理者所做出的较为具体的决策。中层决策属于较为复杂的决策，复杂程度处于高层决策与基层决策之间，内容较为具体，确定性高。高层决策是由高层管理者所制定的全局性重大决策，战略性决策较多，决策的复杂程度较高，体现了高层领导者在决策中的魄力、敏感性和钝感力。

2.2.2　根据决策客体分类

1. 根据决策者面对的情景分类

根据决策者面对情景的不同，可以将决策划分为确定型决策、风险型决策和不确定型决策。

确定型决策指决策者对事件信息掌握得相对全面，能够明确地知道决策所产生的结果，如机器的操作规程、物料的购买、人员考勤等。

风险型决策指决策者在不确定每一种方案的结果，但能知道有多少种备选方案及其结果发生的可能性的情景下所做出的决策。在此情境下，决策者根据经验或二手信息推断概率，根据数据估算各种结果的概率，选出最佳方案，但实际上每种方案都是充满风险的，如运输线路的规划、客户投诉管理的改进等。

不确定型决策指决策者在无法估计的外部环境或难以对备选方案准确估计结果的情景下所做出的决策。实际上，大部分组织所面临的决策问题都是不确定型决策。造成不确定型决策的原因是决策者无法获得关键信息或无法对方案的结果做出准确判断，如消费者的购买潜力分析、竞争对手的策略分析等。

2. 根据决策所需解决的问题分类

根据决策所需解决问题的不同，可以将决策分为程序化决策和非程序化决策。组织中存在的决策问题如2.1节所述，分为三类，通常来说，结构性决策问题是重复性较强的例行问题，非结构性和半结构性决策问题是计划之外的例外问题，例外问题的随机性、突发性、不确定性较强。因此，处理这两类问题时所做出的决策和做出决策的方法是不同的，例行问题用程序化决策解决，而例外问题则用非程序化决策解决。

程序化决策指面对一些经常出现的问题和情况，处理的方法和手段比较相似，可以根据经验做出常规化的决策，可以按照惯例对结构性决策问题进行处理，针对一些反复出现的结构性决策问题，在提升程序化程度的同时也可以相应地提升决策的程序化水平，进而提升组织的运行效率。程序化决策表现为程序、规则和政策等形式。

非程序化决策是指任何人在工作中不可避免地会遇到各种各样的非常规问题,如新产品的开发、新的营销模式的推广、新兴技术的学习、新的市场供需状态等。这些并不能通过程序化决策来处理,需要做出新的决策,因此被称为非程序化决策。非程序化决策常常伴随不确定性、偶然性与突发性。工作和生活中不可避免地会遇到各种问题,高效地识别问题类型并采取有针对性的措施对其进行分析和决策,将各类方法融会贯通、相互结合才能使不同类别的决策达到应有的价值意义。

2.2.3 根据决策过程分类

1. 根据决策的作用时间分类

根据决策的作用时间,可以将决策分为长期决策、中期决策和短期决策。

长期决策具有总体性、长远性、全局性的特点,是为推动组织发展而确立的全局目标,关乎组织长远发展的方向、长期经营战略的制定等,犹如组织的舵盘,在很大程度上决定了组织的命运。中期决策是人们为实现长期决策的目标而做出的更加具体的决策,它将长期决策的目标细分成不同的分目标,只有实现这些分目标才能保证长期决策的有效达成。中期决策对具体的经营管理、技术分析等进行了方向把握,具有局部性、中观性、中期性的特点。短期决策是人们为实现具体化目标而做的细致化决定,具有时间短、具体化的特点,是工作能够稳定运行的具体保障。

2. 根据活动的方向分类

根据活动的方向,可以将决策划分为战略决策和战术决策。

从调整对象上看,战略决策主要用来调整组织活动的总体方向和总体内容,即解决"干什么"的问题;从涉及的时空范围来看,战略决策面向组织未来长期的活动,是组织活动能力的创造与形成的过程。从调整对象上看,战术决策是在方向既定的基础上对具体内容的决策,即解决"如何干"的问题;从涉及的时空范围来看,战术决策是某组织或者某部门短期的行动准则或方案计划,是战略决策具体落实的体现,影响着组织的效率和未来生存。

2.3 群体决策

2.3.1 群体决策的定义

群体决策是指为发挥多人决策的高效性与集体决策结果的严谨性,运用集体智慧参与、分析并制定决策的整个过程。决策群体为参与集体决策的一群人,决策者是参与决策且具有一定决策权的人。

现实中的群体决策组织分为国家决策体制层面、公司管理层面、基层管理层面等，在国家决策体制层面体现为人民代表大会制度等；在公司管理层面体现为董事会制度、股东大会、工会等；在基层管理层面体现为质量监督委员会、村委会、事务小组等。

2.3.2 群体决策的兴起

决策过程体现着不同阶段的时代特征，随着环境变化，决策的过程日益呈现出不同的新特征，群体决策的地位也在决策理论发展过程中不断上升，逐渐受到重视并被不断完善。

当今社会，内外部环境日益复杂，多重目标、动态环境、时间等的不稳定性使得仅依靠个人能力不能合理、有效地做出决策。环境的动荡性使得许多问题需要结合多领域的知识才能解决，而个人的知识结构、专业水平、价值观、经验、经历、背景、角色、站位等都有一定的局限性和不全面性，个体决策并不适合复杂环境下的决策，群体决策能够在一定程度上有效缓解或避免个体决策的不足之处。因此，群体决策越来越被管理者们重视。

2.3.3 群体决策的优势和劣势

1. 群体决策的优势

第一，群体决策有利于整合资源以应对不确定环境下日益复杂的决策问题。群体决策中参与决策的主体来自不同领域或具备不同的经验、经历，集中不同背景、资源的专业人士对决策的疑难问题提出建设性建议，有利于在决策方案制定、分析、选择、实施和复盘等过程中及时发现问题、解决问题。

第二，群体决策可以充分利用知识资源优势，形成能够实时更新的信息储备库，有助于形成更多针对不同情况的可行性方案，增强决策方案的多样性。群体决策过程中，参与决策的主体由于来自不同的部门或从事不同的工作，为决策过程带来了决策所需要的知识和信息，形成资源互补的优势，为决策的制定提供更多可能性。

第三，群体决策有利于提升决策的科学性。群体决策中参与决策的主体有着不同的教育背景、经验等，在收集、选择和处理问题时通过头脑风暴的思维碰撞，能够突破决策思路的局限性，提高决策的全面性和科学性。

第四，群体决策有利于推动决策实施进程。参与群体决策的决策主体都是来自不同领域或不同部门的代表性成员，所形成的意见、看法代表了不同群体，使得决策更容易被各个群体接受和理解，更容易获得各个群体的支持与配合，能够提高决策在实施过程中的效率和质量。

第五，群体决策有利于激励决策群体与团队成员勇于承担风险，能够更好地分析和预测风险并采取应对措施。相对个人决策来说，群体决策过程中的风险更加分散，人们在群体决策情况下会更敢于承担更大的风险。

2. 群体决策的劣势

第一，群体决策制定出最终决策的速度和效率可能会降低。群体决策免不了要进行不同思维方式的碰撞和不同方案的商讨与选择，这些都会影响决策的进程。若在讨论过程中出现方式不够民主、陷入讨论误区等问题，则会使本次讨论的效率降低，浪费时间。

第二，群体决策存在被个人或子群体主导的情况，会降低决策结果的科学性。参与决策的主体可能存在角色差异，在充分发表个人见解的过程中，容易使主体产生不必要的顾虑情绪，很可能出现以个人或子群体为主发表意见、进行决策的情况。

第三，群体决策可能由于决策主体的不同而偏向于关注个人目标，而非集体目标。参与决策的主体来自不同的部门，当涉及各自部门或者与个人利益相关的问题时会变得敏感，如果未能处理好这些不可避免的问题，则很可能导致决策主体从个人利益或本部门利益出发，而不是从集体利益出发解决问题，造成决策结果的片面性，使决策过程和结果偏离目标。

2.3.4 影响群体决策的因素

1. 年龄因素

一般情况下，决策群体的年龄能够在一定程度上代表一定的经验和阅历，经验可以降低决策偏离目标的概率，也会导致决策主体的思维惯性，使得决策主体容易用固有经验惯例或权威思想去替代群体决策的过程。因此，对于年龄较低的群体，群体决策的效果会更好。

2. 成员数量

参与决策的人数越多，不一致的意见越容易显现出来，但如果群体内存在相关的小群体时，不一致意见的数量与人数就不成正比关系。通常认为，成员数量为5～11人较为适合，人数再多可能产生更多的意见，会降低决策效率。

3. 程序设定

成员参与群体决策的方式、流程、程序等都会影响决策结果的产生和质量，因此应结合决策问题的复杂程度、决策成员的结构关系、决策情境等因素进行流程或程序的设计。

4. 团队氛围

参与群体决策的成员在合作过程中如有偏见，以及其他干扰人际关系的状况，会影响决策过程中的商讨氛围，进而影响决策的进程和结果。

2.3.5 群体决策的方法及结果产生方式

1. 群体决策方法

(1) **头脑风暴法**，即按照不重复、不质疑、不反驳的方式召开的创造性思维会议。在会议过程中，每一位成员不论职位的高低，以同级别团队成员的身份平等议事。在初始阶段，每一位成员畅所欲言，尽可能多地提出自己的想法，力求产生可供大家参考的启发性建议，再结合新启发提出新的想法。在这个过程中，不允许提前评判某个想法的好与坏，不允许反驳他人意见，尽可能地鼓励新点子的产生。

(2) **逆向头脑风暴法**，是头脑风暴法的深入演化，与头脑风暴法不同的是，逆向头脑风暴法更注重对前者提出的设想、方案逐一反驳、质疑，在过程中发现不同方法的风险或者弊端，用差异化的思维和批判的眼光揭示某个观点的片面性和不足之处，有利于提高决策结果的科学性。

(3) **德尔菲法**，是指参与决策过程的不同领域的专家以匿名的状态参与讨论和决策，成员间不发生横向联系，并设置专门的调查小组辅助各成员之间的交流，成员只与调查人员有联系，反复填写问卷，汇总基本一致的意见，避免因为正面交流产生的消极影响。基本流程包括工作小组率先确定讨论内容，设计调查表，并将调查表寄送给参与群体决策的成员，待成员各自填写自己的意见和思路后将调查表寄回工作小组，各成员的意见呈保密状态。调查小组通过统计处理和分析成员们的意见，整理出分析报告，再次将统计结果以邮寄的方式发送给群体决策的参与成员，成员结合他人意见再次修改自己的意见并指出修改原因。反复几次这样的流程，直到获得最终满意的决策结果。

(4) **名义群体法**，即参与群体决策的成员有沟通方式和沟通过程方面的限制，在开展会议进行问题商讨时，首先将所需要决策的问题展示给各位成员，参与决策的群体必须进行个体决策，在各自表达自己的意见之后才能进行群体化的讨论，分别对所有意见进行分析、讨论，最后每位成员对各意见做一个偏好性排序，综合各成员对意见的偏好情况，做出最优决策的选择。该决策群体的规模不宜过大，一般7～10人为适宜规模，使每一条意见的关注度和讨论度最大化。但本方法仅适宜解决简单问题，如果是复杂问题则需要分解成简单的小问题，进行多次名义群体法解决。

(5) **电子会议法**，是群体预测与计算机技术相结合的预测方法，具备匿名、快速、可靠的特点。参与群体决策的主体以匿名的方式将自己的想法输入计算机，所有输入的建议都能够在不被改动的情况下展示在大屏幕上供所有决策者商讨，计算机等设备和数字技术的引入极大提高了决策的效率，也对人们的技术水平提出了一定的要求，同时匿名的方式使得奖励那些建设性建议的提出者也变得困难。

(6) **无领导小组法**，即由不指定负责人的群体讨论给定的问题，并做出决策。所成立的决策小组为临时工作小组，在不指定负责人的情况下讨论给定的问题，决策流程、环节等均由临时工作小组自行安排。本方法更多地应用于测评阶段，能够由此了解该临时工作小组成员的不同能力，并通过开放式创新的方式帮助成员做出最优的决策。

2. 群体决策结果产生方式

(1) **权威决策**。权威决策是指在群体决策中，最终决策结果由地位最高、权威最大的人敲定，此人具备一票否决权和决定权。这种群体决策适用于在决策最终确定时由领导人综合各方面因素进行果断而精准的判断，进而做出决策，或者在情况紧急或处理突发事件时需要权威人士做出可靠的决策。

(2) **投票决策**。投票决策是指在决策制定过程中更侧重于采用一种较为民主的投票方式来推动决策结果的产生，并基于少数服从多数的原则得出结果。投票决策可以保证决策的形成相对快速，并允许相对较多的人发表意见，但最终决策可能会使持少数意见的人存在不满心理或惰性、不愿意执行，因此采取该种方法时需要考虑连带的影响。

(3) **共识决策**。共识决策是适用于时间充裕状态的一种群体决策方式，更关注使大部分群体决策的参与主体达成一致意见，不仅听取多数成员的意见，还会罗列出不同的意见，再次对相同和不同的意见进行商讨与分析，使少数方的意见得到最大程度的考虑，并使最终决策得到最广泛群体的接受，以此提升决策主体的积极性，使最终决策结果顺利实施。但是如果时间有限或团队成员之间配合不默契，则不适合采取该种群体决策的方式。

(4) **无异议决策**。无异议决策是指决策应得到每一位参与决策过程的成员的一致同意。由于无异议决策在多数情况下都很难做到，因此当所做决策至关重要时，或决策结果对每一个成员有重要影响时，则需要采取无异议决策，使每一位成员的意见达成一致。做出无异议决策是顾全大局、以集体利益为先的过程，需要确保每一位成员对所做决策结果的最优性和最佳性都是持肯定态度的，并能够公开地对本决策结果表示支持，所产生的意见不合或冲突的情况最少。但由于每个人都有不同的利益目标、经历、经验、背景、知识储备，因此达成无异议决策是存在一定难度的。

课后习题

习题答案

1. 按照决策问题的结构化程度，决策问题可分成哪几类？
2. 简述根据决策主体分类的决策类型。
3. 简述根据决策过程分类的决策类型。
4. 影响群体决策的因素有哪些？请简要说明。
5. 简述群体决策的方式。
6. 群体决策的优势和劣势分别有哪些？
7. 阅读以下资料，回答问题。

越是复杂、艰巨的任务，越需要在战略决策和战术选择上下功夫。简单概括，战略决策是方向判断，主要是判断"必要性"；战术选择是方法选择，主要是判断"可能性"。毛泽东在《游击区也能够进行生产》中提到："我们要求一切解放区党政军工作人员，特别是游击区工作人员，从思想上完全认识这一点，认识这个'能够'和'必须'，事情就可以普遍地办起来。"在这里，"必须"就是"必要性"，"能够"就是"可能性"。例如，战略选择上，要打持久战，则必须储备持久战的后勤物资，必须发展经济；战术选择上，要考虑部队和机关参与生产的可能性，以及参与生产不影响作战的可能性。

根据上述资料，如何理解战略决策与战术决策，以及"必要性"和"可能性"？

案例

上下同欲：宇航人公司决策方式的转变与探索

2020年刚走出"直销危机"的内蒙古宇航人高技术产业有限责任公司(以下简称宇航人公司)再次陷入险境，在这一形势下，企业通过团队化决策及时调整营销策略，主动加快与有实力的电商平台开展合作，仅用半年时间，销售额就实现历史性突破。近年来，宇航人也在不断加大基地建设投入，但规模化沙棘种植基地稀缺已成为企业发展的瓶颈。

2022年4月底，邢国良董事长接到了内蒙古通辽市科尔沁左翼中旗政府发出的邀约，希望为宇航人公司提供25万亩沙棘种植基地，吸引宇航人公司到当地投资建厂。邢国良认为这是缓解原料供应紧张的绝好机会，但是他不能马上给对方答复。因为公司近年来推行团队决策机制，对于重大决策，需要进行团队决策，按照少数服从多数的原则，经中高层管理团队会议进行充分讨论，才能形成最终决策。

在直销业务受挫之后，邢国良及管理层深刻认识到市场营销、品牌建设也是一个"技术活儿"，需要进行系统培训和学习，找到适合宇航人公司业绩增长的新路子。经过一段时间的学习与实践，宇航人公司逐渐总结出一套适合自身的会议流程，用于进行团队决策。当中高层管理人员中有人对某个决策拿不准时，便可作为发起人，召集公司中对解决这一困惑有帮助的中高层管理人员进行会议讨论。参与团队决策的人中，根据会议内容也会适当加入相关领域专家及消费者等角色。因为提前知道了问题，参会成员都有备而来，会议首先进行两轮开放式问题讨论，之后再进行两轮封闭式问题讨论，后两轮问题发起人只能回答是或否。与会人员在听过四轮问答之后，对这一问题有了更加全面的认知，基于自身理解提出一些建议供发起人参考，发起人研究之后整合出一个方案执行，参会人员会选出一人作为监督人监督方案实施的情况。在整个过程中，成员之间一律平等，消除了心理压力，大家不仅愿意敞开心扉去谈，而且能够站在对方立场去思考怎么解决问题，真正做到集思广益，帮助发起人破除困惑，解决问题。参会人员作为决策参与者，利益共享。此外，对提出解决问题关键点的个人给予额外奖励。但经会议讨论形成的决策，其实施的最终结果由发起人承担。

"一个人说了算，单打独斗的时代结束了，必须完善团队化决策机制"，邢国良在提升综合管理能力会议上多次用这句话强调建立团队决策机制的必要性。同时，他也身体力行，参与团队决策机制的完善，通过赋能授权，使团队提出的解决方案可以真正落地成为公司战略决策。在团队决策机制的具体实施过程中，公司会基于业务需要从各部门抽调人员，大胆起用年轻人，临时或长期组建跨部门团队，实现知识技能互补、团队结构优化，来应对不同管理情境下的决策问题。团队成员可以大胆提出问题、分析问题，并最终通过团队讨论形成决策方案。以公司科研团队为例，团队成员中不仅包括技术研发人员，也包括中高层管理人员和市场营销人员，大家在一起交流谋划、互通有无、判断总结，最终形成团队决策结果。

团队决策机制建立与实施的一个重大成果便是制定精品战略。"精品战略就是在保证产品质量的前提下，注重开发产品的实用功能，做消费者真正需要的产品；同时注重产品外在形象，满足消费者对品牌定位的追求，做消费者喜欢的直觉产品，并且做好品牌宣传工作。"邢国良对精品战略如此诠释。精品战略下打造的第一个产品便是V9系列沙棘饮料，其采用的水滴型瓶身为行业内首次应用，一上市，便得到消费者的广泛好评。同时，宇航人公司与阿里系企业开展合作，还与海底捞合作开发沙棘火锅底料，与快乐柠檬联名打造宇航人公司沙棘百香果茶，逐步拉近和"Z世代"消费者的距离，实施精品战略的成效进一步凸显。

近三年，宇航人公司销售额和净利润同比都有大幅度增长。这与公司提升综合管理水平和团队决策机制的建立与推行有着密不可分的关系。

(案例来源：中国管理案例共享中心案例库)

思考题

1. 宇航人公司发展中经历的重要决策问题有哪些？决策方式变更的原因是什么？
2. 宇航人公司的团队决策机制是如何构建的？对提高组织绩效有何作用？
3. 宇航人公司如何保障团队决策的有效性？

第3章 决策的质量测度

本章学习目标

- 理解决策质量的六要素。
- 知晓决策语言的重要性。
- 认识决策误区的常见类型。

3.1 决策质量的六要素

决策的目的是解决问题,取得管理上的成效,这就需要考虑决策质量。决策质量的保证需要考虑多个要素,其中主要包括决策者、思维框架、备选方案、偏好、信息、决策的逻辑。

3.1.1 决策者

1. 决策者的概念

并不是每一个参与决策过程的成员都能被称为决策者,参与决策的准备工作、辅助工作等管理性工作的人员不能被视为决策主体,只能是决策的参与者。决策者必须有一定的职位、职权或者权威,具备一定的政治素养、心理素质、技术专长等能力,能够对决策过程起到关键作用。

2. 决策者的素质

成为决策者需要具备多方面的能力与素质,例如能够敏感识别社会变化动向并透过问题的表象看到本质,具备良好的沟通能力、时间规划能力、风险分析的能力、灵活应变的能力、高效获取信息并识别决策机会做出决策方案的能力、整合与吸收资源的能力、协同创新与协同合作的能力、执行力与领导力等。

3. 决策者的分类

根据决策者的角色和数量可将决策者分为个体、集体、群众三类。决策最终由一个人敲定，个体在决策过程中起决定性作用，则决策主体为个体；由不同领域或相同领域的专业人士组成的专家团队，或者领导班子在决策过程中起主导作用时，则决策主体为集体；若决策过程是由全体群众共同参与的，或者是群众代表参与决策，则决策主体为群众。

4. 决策者的基本职能

决策者的基本职能包括计划职能、组织职能、控制职能、激励职能、领导职能，主要工作内容包括为组织制定未来发展目标与发展方向，进行人才培养、选拔与管理等相关工作，进而建立能够各司其职又团结合作的决策组织，对组织进行管理和领导，推动团队成员间协同合作，并不断进行检查、总结。

决策者的认知会在很大程度上影响组织的决策和发展，对组织实力的合理估测与对未来情况的合理预测能帮助组织高质量运行；反之，则会导致高估收益和低估风险，给组织发展带来风险。

3.1.2 思维框架

清晰的思维框架能够为决策者提供一种观察视角。思维框架的建立不能墨守成规，不能总基于原有角度去思考问题，应包含不同的战略站位。譬如工程师和科学家长期在自己熟悉的技术领域工作，形成了思维定式，容易形成单一的技术视角，但在实际的决策中应避免这种单一的视角，需要紧跟当前社会的政治、经济、技术、文化等实际情况，引入新时代的决策理念。决策思维框架往往是人们对方案、计划实施过程和效果的一种预测，既要基于过往的经验形成一套可供参考的体系，也要与时俱进地不断创新。

3.1.3 备选方案

1. 备选方案的概念

决策过程中，会对不同情境下可能产生的状况做出预案，这种预案被称为备选方案。决策执行过程中若出现突发情况可立即启用备选方案进行应急或改进，在提高决策执行效率的同时，也在一定程度上保证了决策的全面性。

2. 备选方案的分类

(1) **互斥方案**：经过一系列的商讨之后所得出的方案常常有多个，但最终真正实施的只能是其中一个，这样的系列方案中，未被保留的方案称为互斥方案。例如，对一块区域进行规划时，方案A是将其建设成居民区，方案B是将其建设成一个农贸市场，而方案C是将其建设成一个医院，选择了其中一个方案就将土地的空间利用完毕，则不能再选择另外一个方案，而当情境变化或随着社会的发展，可以变换方案的选择，这类方案就称为互斥方案。

(2) **独立方案**：所形成的系列备选方案中存在不受其他方案影响的方案，这类方案叫作独立方案。独立方案各自解决不同领域的不同问题，如进行新产品的开发和对财务部门进行管理等，这些方案之间不会互相干扰和影响，既可以同时执行也可选择其中的一个或几个组合执行。对于独立方案来说，只要自身具备可行性且有较好的社会效益和经济效益，就可以选择该方案进行实施。

(3) **混合方案**：混合方案是将互斥方案与独立方案两种形式进行混合的方案。例如为了提高企业的经济效益，需要对生产设备、运输方式等进行改进，但针对生产设备的改进方案为互斥方案，针对运输方式的改进方案为独立方案，由于这两个方面的方案是没有干扰和影响的，因此企业可以为了提升自身经济效益而同时选择其中的互斥方案与独立方案，即企业根据不同的发展情景与发展条件选择了混合方案。

(4) **过程备选方案**：过程备选方案是指在存在利益冲突的情况下，通过决策过程确定方案，即备选方案是一个过程而不是一个明确的结果。例如，只有一张门票，要将其给两个人中的其中一人，用抛硬币的方式决定门票归属是一个备选方案，这个过程被称为过程备选方案。过程备选方案的优势在于能够长期保持公平、公正，选举、拍卖、密封投标等都是常见的过程备选方案。

(5) **双赢备选方案**：双赢备选方案是指在满足他人需求的同时达到自身目的。在做出方案时，对可能出现的情况进行预测，并对各种情况做出一个预案，这个方案既能在不损害社会效益的前提下满足对方需求，也能够达成自己的愿望和目标。例如，需要占用工作时间去从事一些公益性工作，则做出利用休息时间完成工作任务的备选方案，既完成工作任务，也完成公益性工作。

3. 备选方案的特点和制定原则

备选方案是针对决策问题所制定的不同情境下的解决方案，所确定的备选方案应该具备可行性，且在不同情境下有不同的优势与劣势，不能简单地对其进行取舍。

备选方案在制定时应遵守如下原则：创新性原则、约束性原则、多样化原则、时间原则、相互排斥原则。备选方案应具备一定的创新性，在制定过程中，成员们应大胆想象，合理论证，不局限于单一的方案，在对各方案进行验证的基础上精心设计并仔细分类，最终获得满意的备选方案。

3.1.4 偏好

偏好是影响决策质量的关键要素，反映了决策者对待社会效益、经济效益及风险等的态度。决策者对待某一个方案的好感程度被称为偏好程度，按照程度的不同可以分为低偏好程度、中等偏好程度与高偏好程度，也可按照对待风险的态度分为厌恶风险型偏好、追求风险型偏好、相对风险中立型偏好。其中，厌恶风险型偏好是指决策者对待风险持保守态度，当风险或者损失发生的概率小于二分之一时决策者才会放心地选择该策略；与厌恶风险型偏好不同，无论风险的大小，追求风险型偏好的决策者都充满挑战和解决问题的欲望；相对风险中立型偏好即风险的大小对于决策者做出决策的过程没有明显的影响。偏好是决策者内心对某个问题的一种偏向性看法，受个人性格、经验、背景等理性因素和非理性因素共同影响。

3.1.5 信息

影响决策质量的信息要素指决策过程中所需的信息以及信息的获取。随着数字时代的到来，信息更新速度不断加快，决策过程中不仅需要快速、及时地获取和筛选信息，还需要将有效的信息进行传递及良好的加工，才能保证信息的准确性并发挥信息的作用。信息可以分为内部信息与外部信息，无论是何种信息，都需要保证真实性、及时性、可参考性和系统性。内部信息能够帮助决策者及时了解和掌握组织内部发展情况，描述性信息有助于识别组织的活动水平，加工后的数据信息有助于分析组织发展的机遇和挑战。外部信息能够帮助决策者有效了解外部环境与竞争对手或合作伙伴的情况，减少由于信息不足而盲目决策的可能性。只有综合考虑内部和外部信息才能够制定出科学的决策。

3.1.6 逻辑

影响决策质量的逻辑要素指决策者所采用的规则、流程等。要保证决策的科学性和民主性，就要在做决策之前确定决策的类型，采用对应的决策方式和逻辑去处理。同时，注意决策的目的、标准和条件，建立健全科学决策的支持系统，通过民主讨论、合理化建议、代表大会等多种形式维护决策的科学性和民主性。

决策的逻辑分为向后思考、向前思考、运用直觉等。向后思考的逻辑是指将直觉与联想结合起来，对问题进行判断和分析，首先找出引发问题的可能原因，其次找出原因与结果间相互关联的路径，最后通过各种方式与技术证明上述判断和分析的合理性及准确性。在这个过程中，要注意适时地化繁为简，多寻找线索。向前思考的逻辑是指决策者灵活运用已有决策模型对有待决策的事务进行预测。运用直觉的逻辑是指决策者应综合考虑理性因素与非理性因素去应对决策过程中的常规事件与非常规事件。

综合上述观点可以发现，决策质量是一个系统化的链条，决策者准确识别要决策的问题并列出正确的框架，在众多方案中明确自身的选择，综合现有资源、条件和他人意见进行正确的推理。

可以采用决策质量蛛网分析图对决策质量进行直观且清晰的定性描绘，如图3-1所示。外部六边形代表各要素之间适度平衡，内部六边形与外部六边形的距离代表每个要素的完成程度。

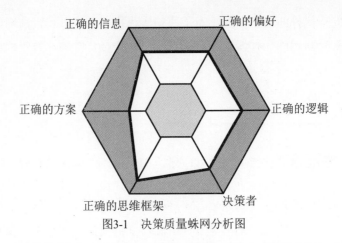

图3-1 决策质量蛛网分析图

假如考虑了过多的备选方案,但对有效信息搜集太少,则形成了一个非均衡的决策质量蛛网分析图,如图3-2所示。

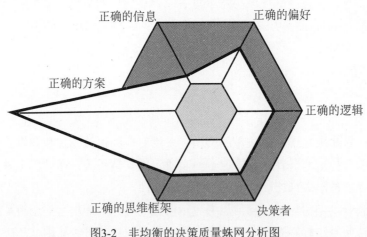

图3-2 非均衡的决策质量蛛网分析图

3.2 精准的决策语言

精准的决策语言能够提升成员对决策的理解程度和执行程度,有助于个人思考和处理问题,避免理解误差造成执行上的偏差。决策语言一般包括基础性的语句和精确的专业术语。无论是成员还是决策者,都必须对这些语句和专业术语有精准的了解和把握,才能更好地推动决策的制定与实施。决策前的准备、讨论、确定决策结果、实施等多个阶段都需要对语言的精准性进行衡量和把控,否则会对分析对象、分析情境、适用范围等多项情况产生错误判断,引起决策偏差。

精准的决策语言是一个系统,决策者应该根据内外部发展环境,基于科学性的原则去构建和完善精准决策语言的概念与应用系统等,使精准的决策语言能够在运用的过程中保持可行性、易操作性与准确性，并将理论与实践结合的经验和教训总结成系列思维框架，但又不能固守这个思维框架，而应具体问题具体分析，在总结经验的基础上创新性地使用精准的决策语言。

设计和运用决策语言时，要保证语言的简单性表述原则、熟知性表述原则与基础性表述原则。

3.2.1 简单性表述原则

直抒胸臆、开门见山且简单、直接的表达离不开明确而清晰的语言。语言简单、思路清晰而明确是精准的决策语言所追求的效果，可以避免用词不准确所带来的理解误差。

例如，期望和期望值两个专业术词就应该区别使用，一笔钱投资到一笔交易当中，未来的涨跌都是不确定的。人们对收益的期望都是向好的，但内外部的发展与变化也是无法完全掌控的，在不同的条件下，可能会期望得到不同的收益，即期望值。期望是一种状态，期望值是对期望状态的具体化描述。把期望值应用在一件不可能发生的事情上是不合理的。

应采用明确而清晰的表述如"这个方案应该改进""你怎么没有搞清楚把这件事搞砸的后果""请参照画线部分的内容填写表格"，应避免模糊、复杂、隐晦的决策语言，如"我有两个方案，你看看哪个比较合适"。

3.2.2 熟知性表述原则

决策过程中所使用的语言不仅要尽量简单化，还要尽可能地让大家理解，选择大家熟知的用词和表达方式进行表述，一些过于专业的专有名词尽可能不要孤零零地出现在决策过程中，要同时使用通俗易懂的语言对其进行解释。需要做出决策和实施决策的场景有很多，需要面对专业知识水平相似的成员群体、来自不同领域的专业人士、负责不同工作的成员群体等，对决策内容的理解会受到自身受教育水平、经验、经历、理解水平等不同因素的影响，因此为了使决策更好地执行，所选择的讨论语言、传递用语需要尽可能地被人们熟知或较容易理解，陌生的词汇或者太专业化、技术化的用语很可能导致沟通不畅、理解不到位、交流阻断等问题。这是精准的决策语言需要避免的问题。

例如，需要对随机抽样、分层抽样等和抽样相关的名词进行进一步解释，并列出与不同的抽样类型相对应的操作流程，尽可能地使用人们所熟知的、容易理解的词语进行表达。例如，"你可以去三号航站楼""这是自助加油，你自己去加就行""请问，你去过中国第三大河流吗？"应避免使用只有你自己理解而别人可能不熟悉或不理解的语言。

3.2.3 基础性表述原则

基于基础性表述原则组织决策语言能够消除潜在的理解误差。基础性不代表片面性，决策者应在使用基础性语言的基础上全面描述决策的情况,避免在决策信息传递过程中出现偏差。例如,将"一定程度上可能会存在产生不良影响的概率"变为精准的决策语言,即"存在不良影响的概率"。

当处于不确定性较大的环境中时,对未来无法进行精准的预测,往往会用一些模糊的词来表达对这个决策的预估性,但应该尽量避免这种情况,尽可能使用精准的决策语言而不是过度描述或过度专业化的语言,只有这样,问题才能变得更加清晰、明了。例如,"可以看出第16项指标有问题""报账时的会计科目是否正确",应当运用基础性语言直接描述问题以及用问题描述型语言表达问题。

3.3 决策的误区

作为一个管理者或决策者,面对大量问题,并不能完全理性地进行决策,决策前也无法得知决策的质量如何,因此首先要了解有哪些误区会导致决策的偏差或失败。决策误区包括以下12种。

1. 过度自信

身为决策者,最忌讳的就是过度自信,即在需要利用集体智慧做出决策时选择单枪匹马进行决策制定,认为自身具备足够的能力和素质,仅凭自己一个人的力量就可以应对复杂的情况。实际上,一些事情复杂性较高、涉及领域较多,一个人的认知水平、知识水平等并不足以有效地解决问题。决策者不能过度自信并不代表事事都需要集体讨论,在紧急情况下也需要果断而精准地做出决策。一个能够保持可持续发展状态的组织,一定是一个具有积极态度,各司其职又团结互助的团队,而不会只依靠领导者。

决策者对自身水平认知不足,就会在决策过程中形成过度自信的决策误区。如果决策者不善于倾听他人建议,骄傲自大,认为自己知道的已经很多了,不需要他人建议,甚至独断、专横,最终决策者的决策误区使决策过程偏离正确轨道,若不及时更正则会进入一个错误闭环,甚至给集体带来不可弥补的损失。

新时代,面临数字转型的机遇和挑战,决策者要善用数字技术整合资源,及时获取有用的信息,虚心听取他人意见并综合评判利弊,以史为鉴,拒绝莽撞,实事求是,避免过度自信这一决策误区带来的危害。

2. 即时满足

即时满足误区指决策者过分追求能够快速获得的收益或满足感而忽略了长远发展。对决策者来说,快速盈利、及时回报和避免短期损失比长远利益和长期稳定发展更有吸引力。机遇和挑战总是相伴而来,决策者不能只顾眼前利益而忽视了企业和成员长远的发展,快速获取利益或成效可以在一定程度上解决燃眉之急,但这样的成效要么不能持续产生,要么是以牺牲一定的成本为代价,为企业带来潜在的损失,不是长久之计。例如,为留住优秀员工决定临时涨工资，这并不能解决根本问题。因此，决策者需要了解所有可能获利背后的潜在隐患或代价，不能为了获得短暂的收益而忽视了组织长远的发展。

3. 锚定效应

锚定效应误区指决策者没有对不同阶段所收集的有效信息做出综合、客观的评价和利用，总是固守最初阶段的信息，将初始信息作为整个发展过程中的有效信息，不能根据变化进行及时、有效的调整。初始信息先入为主后，会对决策者产生巨大影响，决策者轻易不会因后续所获得信息改变认知，而组织在激烈动荡的内外部环境中谋求生存和更好的发展，一定会面临许多资金、合作伙伴、环境政策等发展情景、发展条件、发展基础的改变，仅仅依据初始信息做出决策不足以支撑决策的实施和组织的发展。例如，员工招聘时以貌取人，就形成了不够客观的初始信息，可能忽视一些重要的选人因素，造成用人失败。因此决策者应该在开放式获取信息的基础上，基于综合、客观的评判体系对信息进行有效的评估和选择，注意信息的时效性和相对性，而不是执着于第一印象不想改变。

4. 选择性感知

选择性感知误区是指决策者在决策过程中有选择地组织和阐述事件，而不是客观、全面地进行表述，所获得的信息由于自身的判断和筛选而不能被其他人有效地吸收。在选择性感知误区中，决策者倾向于选择自身更想看到的信息、更符合自身期望的信息，而不是客观、综合地评判所有有效信息。不同于锚定效应误区，选择性感知误区不会使决策者将初始信息作为整个发展过程中的有效信息，忽视后续所获得的信息，而会使其受自身认知能力、决策方式、思维观念等影响导致信息展示不全等。然而，在进行信息收集、获取、筛选、利用的过程中，仅凭一人之力无法完成全部工作，决策时成员之间也需要了解彼此所掌握的不同信息，才能发挥集体智慧做出更加科学和客观的决策。若决策者在这个过程中对信息进行有选择的表述，就有可能漏掉一些重要信息，也可能由于过程不够严谨导致全体成员对决策方向把握不够。每一个事件所面临的时间窗口都是有限制的，选择性感知可能会使组织错过最佳的决策时间，影响决策结果和实施过程。因此，对事件或信息的筛选和处理不能仅凭决策者自身的感知能力，而应善于利用集体智慧，需要向其他参与者公布信息，供大家进行客观和科学的商讨。

5. 确认

确认误区是指决策者在决策过程中只对过去曾经确认过的信息加以关注，不关注与之相悖的信息。即使是过去已经确认过的信息，也不能保证其在未来发展过程中不同情景、不同条件下的适用性和准确性，因此决策群体在决策过程中不能只关注曾经确认过的信息，还需要顺应时代发展和变化，保证信息的及时性和有效性。在数字时代，数字技术不断应用于决策过程的方方面面，过去确认过的信息固然会在一定程度上给现有的决策带来一定启示，但信息迭代、更新的速度不断加快，无论是企业内部还是企业外部的环境都是不断变化的，信息也是实时更新的，固守旧信息而不关注后续新出现的信息，不但容易使决策者陷入决策思维惯性，还会误导决策者，造成决策失误进而给组织带来不必要的损失。

6. 结构框架效应

结构框架效应的决策误区是指决策者在决策过程中选择和强调一种情况或某一情况的某些方面而排除其他情况或某一情况的其他方面。在需要进行多重选择的决策过程中，会面临不同情景的不同情况，除了上述已经讨论过的锚定效应、选择性感知及确认误区，还有一种决策误区就是结构框架效应误区。一件事情不仅会面临多种情况，每一种情况也可以根据不同的条件分成不同的方面，有些情况或某一情况的其他方面或许发生的概率较小，但并不代表可以被忽略，而一旦悉数忽略就和信息没有被收集的效果是相同的。对于决策这种需要建立在大量又全面的信息基础上才能将选择优化的行为过程，不考虑全面的发展情况，排除可能发生的情况，无异于通过凭空假想进行决策。因此，决策者需要在决策过程中衡量和考虑所有情况与不同情况的多个方面后再进行决策。

7. 易获得性

易获得性的决策误区是指决策者更倾向于记住最近发生的和有影响力的事件。在决策过程中，不能仅凭最新信息进行决策。最近发生的事件或有影响力的事件虽然在一定程度上具备时效性，能够为决策过程提供一定的参考，但是发生时间的早晚并不能决定其有多大的代表性，只记住最近发生的事情和信息而忽略过去获取的信息，忽略了事情发展的因果关系、积累性、典型性等，则不能从全局把握决策过程的准确性和客观性。因此，决策者不能仅关注事件的时效性而忽略曾经的有效信息，需要综合多方面信息进行决策。

8. 表象代表性

表象代表性误区是指决策者根据熟悉的其他事件推断某事发生的可能，而不是依靠真实的市场情况、调研所获得的数据等。决策者所熟悉的类似事件一定程度上可以为当下的决策提供一些启发和灵感，但其他事件和本次决策的事件终究是不同的，所拥有的人力、物力、财力、技术等资源条件和外部环境等都是不同的，且受决策者认知能力限制，熟悉的事件代表性不一定强，不熟悉的事件对本次决策的可参考性不一定不强，因此根据其他熟悉的事件对某事做出决策是不科学的。从实践中来到实践中去同样适用于企业进行决策的过程，没有实际的调研、考察就不能了解和把握真实的市场发展情况与发展方向，相当于闭门造车式地进行决策。没有真实的数据和案例做支撑所做出的推理或决策是立不住脚的，这样的决策基本只包含了决策群体的个人感觉，没有科学依据，是脱离实际的决策，会给组织带来不必要的损失。

9. 随机

不同于表象代表性误区，决策者根据熟悉的事件进行决策，随机误区是指决策者总是忽视偶然或突发的事件，认为偶然或者突发的事件不具有代表性或可参考性，不轻易在偶然或者突发事件中决策，害怕因时间紧迫，考虑不充足而做出错误决策。但在实际中，并不是所有决策都有充足的时间经过商讨再决定，很多决策都需要在偶然或突发的事件发生后果断地对当前形势进行判断并做出决策，否则就错失了最佳决策机会或发展机遇。机会有时并不会给决策者充足的时间去准备，决策者需要当机立断地做出决策并采取行动。决策者在随机事件下的随机决策是有必要的，因此决策者要正确对待随机事件的发生，学会并善于从随机事件中捕捉机遇，善用决策方法和实施策略，不忽视随机事件。

10. 沉没成本

沉没成本误区是指决策者在制定决策时，不依据事件发展的客观情况做决策，而是过分在意曾经投入的时间、金钱或精力，不舍得放弃过往在错误方向的投入。身为决策者，需要及时应对事态变化，树立良好的得失观念和大局观念，不因过去投入的成本而放弃正确的方向。决策实施的过程中，外部环境难免会发生各种各样的变化，要及时止损难免需要放弃曾经投入的成本，若已经知道继续执行这项决策注定失败，却因为投入过多而不舍得放弃，则会在错误的道路上越走越远，一厢情愿地坚持错误只会损失更多。放弃过去的投入固然会给企业带来短暂的成本压力，但最重要的是决策者能够总结经验和教训，并采用正确的方法衡量和测评未来的损益，综合多方因素做出正确的决策。

11. 私利

私利的决策误区是指决策者把成功归因于自己，而把失败归咎于外部因素。这是一种非理性的决策误区，是决策者缺乏责任感、分析力与担当的表现，对待他人严格要求，对待自己降低标准。决策在实施的过程中有成功也有失败，关键是从成功或失败的经历中总结经验或教训，持续调动团队进行创新和解决问题的积极性，而不是把成功归于自身，把失败归于外部因素，这样难免会导致员工士气低下、积极性不高等。成功或失败的原因都是多方面的，如果决策者不能以客观的态度分析失败的原因，不能将成功的原因归功于集体，则不仅不能在每一次决策中获得进步，而且会失去人心。决策的实施需要依靠团队的力量，仅凭一己之力是无法做到的。因此，决策实施过程中出现的好或不好的结果都应该客观对待，不应该将成果只归功于自己，这样会埋没集体的努力，丧失士气和人心；不应该将失败归因于外部因素，而应依据事实客观、精准地分析内外部的原因，为下一次的进步和成功打下基础。

12. 后视

后视误区，即当结果众所周知时，决策者还错误地认为可以恰当地预测事件后果。当结果展现在人们的眼前时，人们有时会觉得结果并不令人惊讶和意外，会出现一种"这是我早就知道的事实"的现象，会给人们造成一种通过实验或实践检验、证明得出的结论不过是众所周知的常识或能够预测的简单结论，但实际上这是一种决策误区，会给决策过程带来阻碍。这样的感觉可能会使决策者过于高估自身的实力，对事态发展的状况表现得盲目自信，当结果看起来有可预见性的时候，再经过一系列证明，决策者会更倾向于因失误而责备他人，且并不会因为那些看似"显而易见"的正确的结论而奖励他人。同时，人们在判断的过程中其实已经受到了许多因素的影响，把已经发生的情况当作不可避免的或者显而易见就可以预测的事情，其实是忽略了自己的判断在决策过程中已经受到诸多因素的影响。因此，在决策的过程中，应秉持客观、科学的态度，不随意添加事实、删除事实或者替代事实，不高估自身的能力，保持谦逊的学习态度，增强学习能力，提高决策水平。

课后习题

1. 结合决策质量的六要素，说一说如何制定优质决策。
2. 怎样使用精准的决策语言？
3. 管理者如果不能恰当地运用决策语言，将带来什么后果？
4. 有哪些决策误区？怎样避免陷入决策误区？

习题答案

案例

透过C919的前世今生看"决策"

案例分析

1. 我国大型客机制造背景分析

从世界范围来看，主要的民用飞机制造商有4家，分别是美国波音公司、欧洲的空中客车公司、加拿大庞巴迪公司和巴西航空工业公司。

20世纪初到20世纪70年代，美、苏、英、法已经陆续研制出100吨级大型客机。

1970年，在毛泽东和周恩来的倡议下，国务院、中央军委决定启动"708工程"——研制"运10"飞机。

"运10"飞机的研制由上海市主持，由当时航空部的前身三机部归口管理。在中央直接指挥与协调下，中央各部委、军队相关部门，以及来自21个省区市的政府部门、企事业单位等，共262个单位参与了此项工程。这个工程重视自主设计和研发制造，与之前的航空体制内模仿苏联战斗机，重生产、轻创新完全不同。

2. "运10"制造过程

从费用来看，"运10"研制费用总计5.377亿元，同期西方研制一架同级别大型客机需要15亿～20亿美元。

"运10"飞机的总体气动设计方案与波音707类似，至今仍是世界上干线客机的主流方案。在设计和研制过程中，共进行了300多项技术攻关和160多项大型试验，许多成果至今仍有实用价值。

1979年初，中美建交。当时的三机部开始积极推动和美国合作制造干线客机事宜。原定的"运10"第三架飞机虽已完成65%的工作量，但不得不因此停产。

1980年9月26日，"运10"首飞成功。

1980年，制造飞机的5703厂希望"运10"飞机继续搞下去，但中央、国务院和国防科委领导对"运10"飞机是否继续搞下去难做定论。

由于周期长、运营难、投入大等原因，1985年2月，数度穿越青藏高原的"运10"停飞。

3. 国家的相关决策

从20世纪80年代中后期到20世纪末，中央有过两次关于自行研制发展干线飞机的重要决定，即1986年12月4日的国务院第125次常务会议决定和1993年10月国务院上海会议纪要。但是，两次决定都没有得到最终落实。

20世纪70年代后，我国民用航空业一直处于买进口货的状态。

4. 第四次决策

中国两院院士王大珩是"两弹一星功勋奖章"获得者，他曾多次给国务院"上书"，称大飞机项目"非搞不可"。2003年，王大珩与20多名院士"集体上书"，时任国务院总理的温家宝听取其建议，成立大飞机项目论证和调研组，着手开始大飞机项目的经济和技术可行性论证。

大飞机项目投资巨大、耗时漫长，需要对未来十数年国内外政治、经济环境及航空市场做出准确估计。这要求决策者必须三思而后行。

主张上马大飞机项目的人士提出一个重要理由，即国外军用技术的封锁和自我创新需求，他们认为："军用运输机是我国的短项，但国外不卖给我们。即使卖一两架，不卖配件也没用。"

国务院基本采纳了国家发展改革委、国防科工委和中国第一航空集团公司的方案，即"一次立项、两个机型、军民统筹、系列发展"。

5. C919的起航

"运10"飞机项目没有正式投入商用，但"独立自主，大力协同，无私奉献，不断创新"的"运10"精神却被一代代大飞机人传承下来。

2000年2月，国家决定支持国产民用飞机生产，加快发展支线航空运输。

2002年6月，国家发展计划委员会发文正式批复新支线飞机项目立项，其成果就是新型涡扇支线飞机ARJ21(意为21世纪先进的喷气式支线客机)。ARJ21-700为基本型，是中国首次严格按照国际通用的航空适航管理条例进行研制和生产的支线客机。

2007年2月，C919项目立项，国务院批准大型飞机研制重大科技专项正式立项。

2009年1月，中国商用飞机有限责任公司(以下简称中国商飞公司)正式发布首个单通道常规布局150座级大型客机"COMAC919"，简称"C919"。

2015年11月，C919首架机在浦东基地正式总装下线。

2017年5月，C919在上海浦东机场成功完成首飞任务。

2021年3月，中国东方航空集团有限公司与中国商飞公司在上海正式签署C919大型客机购机合同，这是C919在全球的首个正式购机合同。

2022年9月，C919获中国民用航空局颁发的型号合格证，这标志着我国具备按照国际通行适航标准研制大型客机的能力。

2022年11月，中国民用航空局向中国商飞公司颁发C919大型客机生产许可证。

2022年12月，中国商飞公司按时向中国东方航空交付了全球首架C919飞机。

2023年5月，C919商业航班首飞。

自此，中国大飞机制造实现了我国航天事业的历史性突破。

(案例来源："学习强国"平台等)

思考题

1. "运10"项目为何没有继续下去？"运10"为什么没有投入使用？
2. C919大飞机的研制具有哪些重要意义？
3. 结合案例和国民经济发展的实际情况，分析民用航空业未来的发展情况。
4. 分析并总结中国大飞机制造业发展过程中的四次决策。

第4章
决策的效果及其测度

本章学习目标

- 理解决策效果的含义。
- 了解决策效果的测度方法。
- 掌握有效决策的管理与激励方法。

4.1 决策效果的影响因素

决策效果是指决策所带来的结果和影响,即在决策目标与决策效率的基础上对决策结果的综合考量。

良好的决策效果离不开决策目标和方向的科学制定,离不开科学、有效的指导,因此,决策效果在一定程度上可以充分体现管理者的决策水平。管理者的决策在日益复杂的内外部环境下会受到多种内外部因素的影响,管理者利用自身的认知能力对外界变化进行感知和判断,并通过团队合作使组织内部达成一致,既能够避免由于管理者认知能力受限而带来的决策误区,也能将多种可利用的资源进行整合,进而提升决策效果。

决策效果是企业整体绩效水平的重要影响因素之一,而决策效果的影响因素众多,主要受管理团队因素、决策因素等影响。组织内部的高层管理者团队作为决策的制定者,一般具备异质性工作背景和较高的认知水平、心理素质等,这些可观测与不可观测的因素能够在很大程度上对决策效果产生影响。

4.1.1 管理团队因素

管理团队因素包括管理者的受教育程度、性别、职业背景、风险偏好、年龄等可观测的特征要素。管理团队主要有经营型团队、生产型团队和职能型团队。其中,经营型团队主要是指管理者的专业度主要集中于与企业经营相关的领域,如营销管理、新产品的开发与设计、客户关系的维护等;生产型团队的成员更擅长流水线的管理、生产的调度管理、设备采购维护等,帮助企业提高运营效率与质量;职能型团队的成员具备财务管理知识、行政管理能力、法律知识等专业素养。管理者任期的长短、团队成员的稳定性等都会影响决策的效果。管理者如果任期较长,由于以往已经建立起良好的沟通方式和信任基础,则在制定决策和执行决策的过程中,就能够减少不必要的感情冲突和认知冲突,原本需要花更多时间和精力进行信息共享和沟通的环节可以变得更加顺畅,减少高强度的冲突给决策过程和决策效果带来的影响。成员稳定性强的团队与员工流动性大的团队相比,成员之间的了解更加深刻,团队之间的默契程度可以增强最终决策产生的效果。但当团队成员的稳定性过强时,就容易出现思维惯性,不能用新思想和新点子来应对瞬息万变的外部环境,影响决策的效果进而降低企业的创新水平。因此,团队因素能够在很大程度上影响团队决策一致性的形成,而决策一致性越高,则团队执行决策的效率越高,越能够提高决策的效果。

4.1.2 决策因素

决策因素包括决策的行为、制定和执行决策的流程、决策的权力分配。决策的行为包括团队成员之间交流的紧密程度、信息资源的共享与吸收程度。团队成员之间交流的紧密程度是指成员之间的接触与沟通程度。沟通主要包括正式的沟通与非正式的沟通两种形式,正式的沟通是指由于工作需要而产生的成员接触和交流行为,非正式的沟通是指在工作以外的业余时间内进行想法的交流。正式沟通与非正式沟通都是决策过程中必不可少的一环,非正式沟通更加有利于团队成员增强彼此的信任程度,利于增强团队成员内部凝聚力,避免出现圈子过小、消息闭塞、机会主义等现象,以防增加企业的决策成本、降低了企业的决策一致性。信息资源的共享与吸收程度是指面对大量差异较大和快速变化的信息,成员对信息理解的程度和执行决策的效率。大量差异较大的信息如果不能够被有效地共享和吸收,则会使团队成员产生认知冲突,从而花费大量人力、物力和财力,降低企业的决策效果。

决策的流程体现在决策制定顺序可以是变化的。有的决策来自群体而不是权威决策者,有的决策来自对权威决策者先提出的众多方案的改进,也有的决策起初由团队成员商讨后交给权威决策者决定。不一样的决策顺序会影响团队成员对决策的理解速度和执行质量,决策者需要通过不同方式满足成员的精神需求与物质需求,并增强成员对决策的理解程度,才能推动决策的实行和改进,提高决策效果。

决策的权力分配方式和结果将通过权力的集中程度影响决策的效果。如果权力在一定程度上集中于某一个人,例如一人兼任多职,则这个人也兼顾了不同的利益分配、风险承担、责任分配的方式。任何人都会在集体目标利益和个人目标利益之间进行权衡和选择,在这种权力限制的条件下,决策者会通过综合考量组织的整体发展目标与个人利益进而做出一个相对平衡的决策,因此,权力的集中或分散程度会影响决策的制定和执行,进而影响决策的效果。

4.1.3 其他因素

其他因素包括信息资源、市场需求、非决策者参与、竞争对手、行业环境等。其他因素一般是一些影响决策效果的外部因素，往往也是影响决策效果的重要因素。日新月异的信息资源需要不断地被筛选，去除冗余信息，留下有价值的信息，对市场需求进行识别和整合的能力也会影响决策效果。参与决策的非决策者有很多，包括专家、员工、顾客等，专家往往是具备某一领域专业知识的人，可以来自企业内部的各个部门，也可以由企业从外部聘请而来。专家参与决策可以弥补企业内部人员知识的局限性，扩大企业决策者的认知广度与深度。另外，竞争对手的决策变化、行业环境的复杂程度等都会影响决策效果。

以上因素互相作用，形成一系列因素的组合，会对决策效果起到直接或间接影响，因此需要关注并客观分析各个因素。

4.2 决策效果的测度

决策效果测度的目的是更加客观地评价决策的制定水平和执行效果，对决策方案进行客观与科学的评估，并总结决策制定和实施过程中的经验与教训，分析误差或成效的程度和产生原因。这样不仅能够在提升决策效果的同时总结经验与教训，判断决策是继续执行还是被当作未来制定决策的参考，还能够提升企业对资源的整合和利用程度，降低企业运营的风险，提升企业的绩效水平。

决策效果的测度包括决策科学性的测度、管理者管理水平的测度、决策执行情况的测度。决策是否具有科学性不仅需要决策制定时进行科学评估，也需要通过实践结果来检验。决策的科学性反映在方方面面，如能源消耗、环境污染、带来的风险和损失等。管理者管理水平的测度是由于决策的制定和执行效果在一定程度上受管理者知识水平、认知结果、经验背景、业务能力等因素的影响，因此，对管理者管理水平的测度能够在一定程度上反映对决策效果的测度与评价。决策执行的情况将直接影响决策的完成效果，这个过程中会出现许多计划内与计划外的偏差，都有可能影响最终的决策效果。因此，对决策执行情况及时进行测度，能够减小决策实施过程中的风险和发生意外的概率，强化决策管理的系统化水平。

对决策效果的测度大致需要经过如下几个步骤。

第一，制订对决策效果进行测度的计划。制订测度决策效果的计划是组织需要完成的关键一步，好的测度方案能够推动决策制定与执行的良性循环。决策效果测度计划可以由国家相关管理部门制订，也可以由企业管理部门等相关单位制订。所制订的测度计划应该将基础性与变通性相融合，既能够使计划具有科学性、可行性、普适性，也要让测度计划能够根据不同类型的决策的具体特点灵活地做出相应的调整，根据综合因素确定决策效果测度计划中的测度对象，以及测度的范围、目标和用到的方法，才能够有针对性地反映和测度决策制定和执行的程度与水平。

第二，搜集实时资料为决策调整提供支持。决策制定与实施的过程中，各因素不断发生变化，且有的决策效果短期内是不易考察和评价的，需要搜集大量相关资料判断短期和长期、可能和实际的决策效果，例如搜集决策管理的可行性报告、风险评估报告、成本预算、收益状况报告、相关部门的决策效果测度方法与评价等，综合各类资料对比、分析决策是否可行、可能产生的问题、问题背后的原因、事件未来发展的趋势等。根据决策管理的具体特点和决策的目标、要求搜集相关资料，能够为企业的技术管理情况、安全运行情况、风险评估与调整情况提供参考。

第三，生成决策效果测度报告。决策效果测度的标准应该有法可依、有权威标准文件可依、有实际情况可依，以我国相关部门制定的测度标准为依据，整理和汇总决策效果分析结果，并委托专业部门进行专业评估，形成客观、公平、公正、科学的决策效果测度报告。

在决策效果的测度过程中，不仅要坚持成本效益原则、经济与社会效益兼得等原则，还要采取多样化的方法衡量不同类型的决策效果。除了上述所提到的搜集资料、邀请专家加入，还可以采用实地走访调查、抽样调查、专题调查、对决策过程进行评价管理、根据对比指标进行风险预测、分析技术指标对测度标准进行评价等方式对决策效果进行分析，将多种方法有机地结合使用，对决策的制定与执行效果进行系统地评价和分析，才能做到系统、客观、科学地分析决策效果，为后续决策提供理论和实践支持。

决策效果的测度可以运用定性测度方法和定量测度方法。定性测度方法是指采用定性分析的方法分析决策效果，定量测度方法是指采用定量分析的方法判断决策制定和执行的效果。定量测度方法将具体的标准作为评价标准来测量决策的功能和决策实施的效果。决策效果包括近期与远期的效果、直接与间接的效果、经济与社会的效果。在衡量决策效果时，可以采用定性方法与定量方法相结合的方式。

在决策效果测度的过程中，还需要考虑决策阶段，决策所产生的作用，决策制定、实施和测度评价的依据这三大方面。决策的效果随着内外部环境的变化和决策者对决策的实时调整会对决策不同阶段的效果产生影响，决策效果的评价是针对决策管理措施的评价，不仅停留于计划制订阶段，还反映在决策的执行与改进、评价与反思阶段。决策效果的测度结果不仅仅为决策制定提供依据，还通过反馈给管理者的信息直接影响本次或后续管理决策的制定和发展趋势，促使管理者对决策执行中存在的问题进行及时的分析和纠正，调整决策进而提高决策效果。决策制定、实施和测度评价的依据是指在识别市场机会和挑战、实施决策等不同阶段的测度与评价依据。

4.3 决策效果测度的管理实践

决策效果的测度在一定程度上相当于对决策的追踪和调整，决策者会以初始决策为基础，结合决策所确定的目标和方案，依据决策阶段性的实施过程和结果建立相关评价测度模型，对方案进行分析和调整。这就要求管理者无论是在制定决策、执行决策还是在测度决策效果的时候，不仅要根据决策自身的特征和内外部环境的变化，对决策的执行情况进行定期检查并找出偏差，对偏差进行控制，而且要注意当主观与客观情况发生变化后，必要时需要对初始决策做出重大改变即重新决策。

4.3.1 决策效果测度的原则

进行决策的调整和追踪有一定的方法与原则可遵循，可以采用回溯分析法和非零起点原则、双重优化原则。回溯分析是从决策起点开始逐层、逐步考察和分析决策产生失误的原因。非零起点原则是指所要调整的问题已经不再是最初的状态，而是经过内外部环境的影响后产生沉没成本的状态。双重优化原则是指在根据决策效果测度结果进行决策调整时，首先需要考虑在原有决策的基础上进行优化，然后在新方案中进行优化和选择。所以，决策效果的测度并不是简单的重复，也不是纠正原决策中的错误，而是对决策的一种优化行为。

管理者若想优化决策效果，应遵循科学性与全面性相结合、系统性与相对性相结合、集权与分权相结合、可行性与普适性相结合、关系和任务相结合的原则。

(1) 科学性与全面性相结合。科学性与全面性是一切决策制定、执行和测度的基础，进行决策调整时坚持这一原则能够保持决策目标与方向的准确性、指标和标准的系统性与完备性、决策执行方式的严密性等。由于企业在运营管理中涉及对资源的整合与配置，为市场提供产品或服务等，因此在制定决策和制定决策效果测度指标时，要考虑不同阶段多种因素的影响，坚持全面性的原则，使决策制定、决策执行、决策效果测度与改进能够全方位地反映不同环节的要素及其关联情况，并反映各环节互动的情况。

(2) 系统性与相对性相结合。相对性的测度标准能够克服绝对性测度标准的一些缺陷，系统性与相对性相结合，在突出重点的同时能够实现最优化的测度结果。

(3) 集权与分权相结合。集权与分权相结合的原则更侧重于解决决策成员内部权力、责任、义务、分工的问题。决策过程中，需要有一个权威决策者扮演方向指挥官的角色，有利于保证在决策的任何阶段都能够不偏航。集权与分权涉及决策团队成员中的不同管理等级，如果授权不当的话，就会导致权力过于集中或分散，不利于决策的实施和效果测度。授权必须保证职位、权力、责任、利益有机结合，互相匹配，同时要注意加强监督，及时获得动态的反馈信息，当发现企业运行情况受到严重影响时可以更换团队成员，及时制止滥用权力的现象，保证决策目标的实现。

(4) 可行性与普适性相结合。可行性与普适性相结合的原则是指决策执行效果的测度要具备可执行性，决策效果测度的结果能够进行纵向和横向的比较，并且测度标准简单、易懂，能够根据企业自身的情况做出有针对性的调整。

(5) 关系和任务相结合。测度决策效果会导致一定程度上决策过程的中断，可能会对参与决策的团队或相关人员造成心理上的影响,这种影响会对决策的执行和决策效果测度的顺利进行产生一些障碍。这要求管理者注意决策过程的中断对成员产生的消极影响,在决策效果测度的过程中正确处理事情与人之间的关系。

4.3.2 决策效果的改进

进行决策效果测度时,主要步骤如下:明确决策效果测度和需要调整的内容、选择决策效果测度和调整的方向、收集相关资料与数据、分析存在的差距、制定改进和努力的目标、进行沟通与交流、修正原有目标、制定具体方案、明确调整后的职责、循环进行。若想顺利推进决策效果测度工作,可以给予决策者或决策团队适当的激励。

在激励过程中,应该首先明确企业或部门的任务和目标是什么,需求是什么,并对具体的任务和目标进行分解,明确重点任务与关键问题。管理者要对成员努力的方向进行合理引导,并对竞争对手有客观的评价与分析。在数据收集和资料整理的过程中,鼓励员工对决策效果进行精确化和量化,并将数据进行对比与分析,找出发展现状和决策标准的差距,以此弥补管理措施、激励方式和方法上的诸多不足。管理者要多多鼓励成员参与决策制定过程,吸取各成员的意见,并保证将实施目标、细节、改善计划、达到的效果等传达给员工。只有这样,大家才能目标一致、行动一致地执行任务,及时捕捉反馈信息以改进方案,减少消极心理和事件的发生。在第一次决策效果测度结束之后,要及时督促相关决策成员进行总结,对新发现、新情况进行进一步的分析,提出调整后的决策目标,便于进行下一轮的决策效果测度,这样就可以使组织时刻保持良好的发展趋势。

决策效果的改进有一些较为成熟的管理方法,如鱼骨图、雷达图、趋势图。这些方法可以用于决策效果改进的各个阶段,是较为普适化的方法。鱼骨图是一种用来寻找根本原因的分析方法,还可以分成问题型(见图4-1)、原因型、对策型等多种类型,简洁、实用、深入、直观。雷达图(见图4-2,又称蛛网图)能够表现不同问题所占的比率,主要反映企业经营过程中收益情况、生产情况、销售情况、成长情况等的直观占比度。趋势图包括柱状图、曲线图、饼状图、点状图等,能够反映不同时间范围内的测度结果,进而判断是否出现重要时间节点。管理者要引导和鼓励决策团队成员将多种方法结合使用,才能更好地发挥各方法的优势,弥补存在的不足。

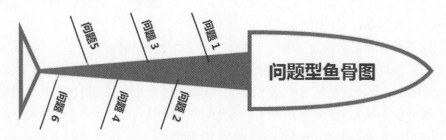

图4-1 问题型鱼骨图

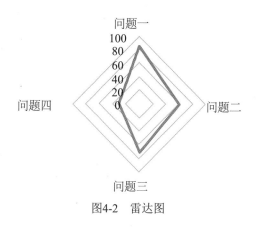

图4-2 雷达图

课后习题

1. 决策效果是什么？
2. 决策效果的影响因素有哪些？
3. 为什么要进行决策效果的测度？
4. 决策效果测度的步骤有哪些？
5. 管理者应该如何改进决策效果？请举例说明。

习题答案

案例

风起数字经济，潮涌服务赋能——讯锡科技的成长与抉择

2021年，讯锡科技凭借突出的成本控制优势与项目交付能力，与京东科技集团达成合作。经过一年的发展，讯锡科技与京东科技集团携手并进，如今已是成果斐然。

然而，在经济动荡、需求不振等多重困境下，作为电商巨头的京东科技集团经营压力陡然增大。2022年底，京东科技集团率先向讯锡科技抛出注资的橄榄枝，以重启战略合作谈判为契机，谋求共同发展。一方面是业务订单量5倍增长的诱人机会，另一方面是决策权分散的风险与降本增效的沉重负担，作为中小型IT服务企业的讯锡科技不禁陷入两难境地，"是否接受战略投资完成对赌"成为双方多轮谈判的焦点和摆在创始团队面前最煎熬的抉择。

案例分析

1. 奋楫扬帆，逐梦起航

2013年，互联网行业方兴未艾，智能手机的普及推动用户由PC端向手机端转移，消费模式也悄然发生转变。彼时在中兴云服务公司担任售前工程师的梁骏敏锐地捕捉到了时代讯号，萌生出做一款O2O社区团购App的想法。2014年，梁骏毅然从中兴云服务公司辞职，在上海创立了讯锡科技，踏上了向客户端移动互联网业务进军之路。

成立之初，公司采取"产品+运营"模式，以团购App为载体，提供线上下单、送货上门服务，搭建起连接社区商贩与居民的桥梁。然而，彼时社区团购的市场条件尚未成

熟，线下推广成本高昂，初创企业受人力和资金限制，能够吸引到的客户群体和商户体量均十分有限，经营成效甚微。三年的创业之路如履薄冰，艰辛开拓没有换来稳步发展，公司运营反而陷入停滞。

2. 趁风转帆，踏浪前行

举棋不定之际，上海XJH公司的电商主管找到梁骏，提出"打造全渠道电商系统"的需求。凭借丰富的行业经验，讯锡科技顺利交付了系统集成方案，并为改善商城客户体验提供后续技术支持。从中，梁骏敏锐觉察到"互联网+"浪潮下IT服务市场的巨大潜力，于是开始招兵买马，汇聚IT英才。

2018年，调整思路的梁骏依靠人脉资源与PA集团洽谈，以项目外包的方式承接了PA旗下十几家子公司的业务流程优化和科技方案输出服务。通过量化过程数据，打通质量体系流程，讯锡科技助力PA集团打造了一站式多险种的互联网保险服务，成功实现将产寿险系统集为一体的"金融+科技"输出。

3. 披荆斩棘，乘势而上

2019年，党的十九届四中全会对建设数字中国做出重要部署，加快推进企业数字化转型步伐。一方面，传统企业缺乏数字化技术人才，转型困难；另一方面，互联网巨头迫于降本增效的压力，将业务大量外包。由此，市场需求的激增强力推动了IT服务行业的繁荣兴盛。

邂逅NTES，人力先行。数字化浪潮奔涌，讯锡科技乘势而上，将服务场景延伸至互联网行业，与头部企业NTES联手打造游戏业务。恰在此时，曾担任某头部IT咨询公司的前高管徐萍加入了管理团队，其丰富的管理经验和非凡的领导魄力为讯锡科技拓展业务边界注入了新动能。徐萍以校园招聘为切入口，基于"快、准、好、省"的策略，迅速成立300人的游戏研发与测试团队，逐步引入人力资源业务合作伙伴进行分流管理，实现项目的独立承接与交付。

在"需求+技术"的双重驱动下，讯锡科技着力发展"质量第一、效能提升、价值分享"的客户延伸团队，围绕人员、技术、过程等关键要素构建需求导向的ODC模式，提供从业务流程再造到运营管理的一站式项目服务。

携手京东科技，如虎添翼。2021年，凭借实践经验丰富的专业团队和高性价比的解决方案，讯锡科技从京东科技的14家IT服务供应商中脱颖而出，与其签订合作框架协议，承接相关IT业务。通过搭建IT技术架构和流程数字化体系，讯锡科技高效贯通端到端业务，筑牢京东科技的数字底座，为京东科技战略目标落地提供强大的技术支撑。

受益于优质客源和广阔市场，讯锡科技不断延伸交付网络，优化区域布局，为客户提供"东西南中"四大区域敏捷的服务支撑。讯锡科技坚持专业化、精致化管理，合同管理、研发交付和运营管理三大模块环环相扣，保障交付项目的质量，夯实企业服务能力，持续将客户要求精准转换为客户满意。

4. 暗流涌动，何去何从

乘着"数字中国"的东风，讯锡科技稳步前进，蓬勃发展，全年营收实现62.78%的跨越式增长。就在公司上下皆大欢喜之际，一封来自京东科技集团调整战略合作的函件让梁骏和徐萍措手不及，他们对到底采用哪种方案犹豫不决。

方案一：与京东科技集团深度合作。若同意京东科技集团注资，未来的五年内，讯锡科技可以承接京东科技集团除咨询设计外的海量IT项目，预计业务订单量5倍增长。依托京东科技在技术、人员、资金、管理方面的输出，讯锡科技可以深化"大客户+低成本"优势，迅速且稳定地实现规模扩张，为公司早日实现IPO打通路径。但该方案不仅意味着讯锡科技需要转让部分股权，同时还要受竞业条款的限制和满足较为严苛的降本增效要求。

方案二：发展整体解决方案业务。若想通过自我赋能进入IT服务的高附加值环节，讯锡科技可以大力发展整体解决方案的咨询业务，着力拓展架构设计、数据分析、文化创意等价值增值空间，升级赋能模式，推动品牌发展。不过，这种方案需要不断提升企业的数字化规划、设计能力和资源整合能力，持续追踪客户需求，密切关注知识产权保护和数据安全等方面的风险，这不仅会受高端知识人才和行业资质的制约，而且还会颠覆原本的低成本战略路径。

方案三：开发数字化产品。若想摆脱对巨头企业外包项目的深度依赖，讯锡科技可以瞄准未来中小型企业数字化转型的蓝海市场，依托多年的行业服务经验，推出聚焦企业核心业务和功能且成本较低的数字化产品。然而，与大型企业和地方政府如火如荼的数字化转型趋势相比，多数中小型企业一方面对数字化转型的认知和意愿严重不足，陷入"不会转，不敢转"的困境；另一方面尚处于信息化阶段，转型基础薄弱，缺乏规模效应及人才资源，存在融资困难，难以支付高昂的转型成本等问题。

针对上述难题，讯锡科技究竟该如何选择呢？

(案例来源：中国管理案例共享中心案例库)

思考题

1. 请结合讯锡科技的成长历程，分析讯锡科技驶上发展快车道的关键驱动因素是什么。

2. 根据方案一，你认为讯锡科技应该接受与京东科技集团深度合作的方案吗？如果合作，对于具体合作方式，你有何建议？

3. 根据方案二，你认为讯锡科技发展高附加值的整体解决方案业务将面临哪些挑战？试提出可行策略。

4. 根据方案三，你认为讯锡科技转向开发数字化产品赋能中小型企业转型是一个好的选择吗？请说明理由。

第 2 篇
商业智能环境与决策改变

第5章 商业智能环境下的决策

本章学习目标

- 了解什么是商业智能环境。
- 了解商业智能环境下决策的特征。
- 理解商业智能助推决策的进步。

5.1 商业智能环境

5.1.1 商业智能

在数字化、信息化时代，各行业都积累了海量的数据资源。据IDC估算，到2025年，全球数据总量将达到163ZB，相当于2016年所产生数据量的10倍。IDC的一项调查显示，企业中80%的数据是非结构化数据，由于非结构化数据的格式和标准不一，如何有效利用这些资源为企业经营决策提供更多价值就成为关注的焦点。

商业智能(business intelligence，BI)是一个概括性总称，又称商业智慧或商务智能，指用现代数据仓库技术、线上分析处理技术、数据挖掘和数据展现技术进行数据分析以实现商业价值。商业智能包含架构、工具、数据库、分析工具、应用和方法，其主要目标是实现数据的交互式访问，实现对数据的操作，使管理人员和分析人员能够进行合理的分析。商业智能通过对来自不同系统的数据进行提取、清理、整合、汇总，并利用分析工具帮助决策者得到有价值的见解，做出有效的预测和明智的决策。商业智能基于数据生成信息，然后制定决策，最终开始行动。

商业智能辅助决策者做出正确且明智的决定，是帮助企业更好地利用数据提高决策质量的技术。以企业为例，这里所说的数据包括来自企业内部的业务数据、财务数据，来自外部的客户、供应商的数据，以及来自企业所处行业和竞争对手的海量数据，同时还有来自企业所处的外部环境中的其他各种数据。商业智能能够辅助的业务经营决策既可以是作业层的，也可以是管理层和策略层的。

也可以将商业智能看成一种解决方案。商业智能的关键是从来自组织不同的运作系统的数据中提取出有用的数据并进行清理,以保证数据的正确性,然后经过抽取(extract)、转换(transform)和装载(load),即ETL过程,合并到一个组织级的数据仓库里,从而得到组织数据的全局视图;在此基础上利用合适的查询和分析工具、数据挖掘工具、联机分析处理工具等对其进行分析和处理(这时信息变为辅助决策的知识),然后将知识呈现给管理者,为管理者的决策过程提供支持。

5.1.2 新型商业智能

新型商业智能(business+artificial intelligence)是基于数据维度进行商业分析,将人工智能技术(机器学习、计算机视觉、自然语言处理、智能语音交互、知识图谱等)与大数据、机器人流程自动化、运筹学等技术相结合,围绕商业活动中各典型关键环节进行深入分析,并通过完整的解决方案级应用推动产品创新与服务升级。新型商业智能的目标是以清晰、易懂的方式呈现事物,以便人们理解一些复杂的分析,并快速做出决策。

更具体地讲,新型商业智能基于多维度核心技术能力,旨在高效解决企业经营过程中面临的人力资本持续上涨、业务流程优化、需求响应速率要求、打通信息孤岛、释放数据价值等企业运营痛点,以达到敏捷化、可视化、场景化及预测化的数据分析效果提升。依托数据挖掘、机器学习、流程自动化能力,技术提供方可以针对商业企业主营业务场景进行整体解决方案打包服务,对企业经营流程进行优化管理,聚焦商业活动需求进行预测性分析,辅助商业决策制定,以达到降本增效,提升商业环节的落地应用价值。

商业智能中的大数据相关技术可以对数据采集、数据存储、数据分析和数据应用等环节中不同来源、不同类型的数据进行处理,有效解决数据处理方面的问题,同时伴随机器学习等人工智能技术的引入,大幅提升了企业对数据的处理效率与分析能力。机器学习(含深度学习)技术作为人工智能的核心技术,近年来实现了多方面的突破,如卷积神经网络、长短期记忆网络等多种机器学习、深度学习算法已经与自然语言处理、智能语音、知识图谱、计算机视觉等技术紧密结合,提升人工智能技术的整体应用效果。目前以机器学习为代表的人工智能技术在各商业领域(如金融、医疗、客服、零售等)得到广泛应用,进一步降低企业经营成本,提升应用效能,提高终端消费者的体验,最终实现各商业领域的转型升级。

5.1.3 商业智能环境的要素

商业智能环境具有复杂性,这种复杂性在创造机会的同时也制造了问题。以全球化为例,企业可以很轻易地在世界上许多国家找到供应商和顾客,这就意味着可以买到更便宜的原材料以及销售更多的产品或服务,蕴含大量机会。然而,全球化也意味着将面临更多、更强大的竞争对手。商业智能环境的要素是多维的,包括全球化、市场行情、客户需求、技术和社会环境等。

1. 全球化

全球化进程的加速使得越来越多的企业从事全球化经营,期望获得全球范围内的竞争优势,同时企业的决策需要涉及世界范围内的活动。

全球化给企业的决策带来了新的挑战和压力。例如,企业应该在外部环境评估和内部条件分析的基础上考虑如何进行国际化经营。国际化经营的进入方式主要有进口、非股权安排和国际直接投资,企业可以根据目的国或地区的环境,以及企业自身的发展阶段,选择恰当的进入方式。选择目标市场和目的国市场的进入方式后,管理者需要在战略目标的指引下,管理分布在世界各地的子公司和代理机构,这就需要在全球化压力和当地化反应之间权衡,选择恰当的组织模式。

2. 市场行情

目前,企业面临在互联网技术支持下蓬勃发展的电子商务市场,决策前应深度分析用户需求并洞察需求变化,注重结合创新的营销方法,需要根据交易需求按时、按需完成交易活动。

3. 客户需求

随着市场行情的快速发展,客户群体日益壮大但忠诚度在下降,客户需求迭代加快,需求多样化程度越来越高,产品定制化需求不断增加。企业要应对不断增长的高质量、多样化、快速物流等需求。

4. 技术

在技术方面,企业除了需要面临宏观技术和产业技术升级带来的影响,还需要面临更多创新活动,包括新产品及新服务的研发与设计等。大数据的应用和人工智能技术的广泛应用加快了数据需求分析管理的进程。组织层面的技术更新和迭代加速了产业格局的变化与商业环境的变迁。

5. 社会环境

在社会环境方面,法律法规不断完善,劳动力逐渐多样化、老龄化,女性劳动力不断增多,公众对企业伦理与社会责任的要求日益提高,企业的各项决策应该进一步与绿色发展和可持续发展相结合。

5.2 商业智能环境下决策的变化和特征

5.2.1 商业压力-反应-支持模型

商业环境的不断变化导致企业面临一定的商务压力,为克服压力,企业应做出一系列的反应，利用环境中的优势或机遇，以及依靠计算机技术提高组织反应能力并做出决策，如图5-1所示。决策者可以利用商业压力-反应-支持模型分析商业智能环境对决策的影响，如图5-2所示。商业智能环境各要素的重要程度会随着时间的推移而增加，导致更大的压力和更激烈的竞争，在这样的环境下，管理者必须迅速反应，改革创新并且保持灵敏。

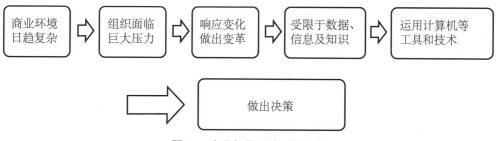

图5-1　商业智能环境下的决策

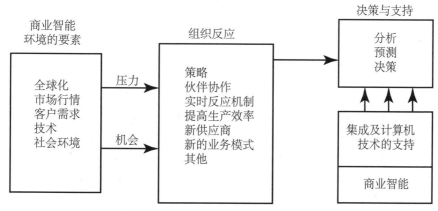

图5-2　商业压力-反应-支持模型

企业和公共组织应逐渐认识商业智能环境变化给企业带来的压力，积极采取多样化的行动来应对压力，进而做出决策。

企业面对压力时采取的行动包括重新制定策略，寻求合作伙伴的协作，构建迅速反应、灵活应对的机制，优化生产管理，提高生产效率，建立新的供应商合作关系，完善产品和服务的各类业务模式等。企业决策者应利用集成及计算机技术进行科学决策，进而消除组织中实际业绩与预期业绩之间的差距。

5.2.2　决策的变化

商业智能环境下的决策与传统决策相比，应用的业务范围更为广泛、更为普遍，反应速度更快，效率更高，人机结合辅助决策的能力不断提高，竞争能力提高得更为明显。

1. 业务范围的变化

与传统决策的业务范围相比，商业智能辅助决策的范围变得更为广泛。例如，传统决策受到业务数量、复杂度的制约，无法做出较为精准的决策，商业智能对于解决复杂度高、非结构化程度高的问题有着明显的优势。面对产业的升级和组织转型与发展所带来的业务决策挑战，商业智能为各类场景及各类业务管理提供了决策支持。

2. 反应速度的变化

商业智能环境下信息技术的发展及全球化进程的加快导致越来越多的可选方案产生；对政策合规要求的提升及不断变化的消费者需求导致了更多不确定性，使得准确预测结果变得日益困难，频繁而难以预测的变化使得试错法的使用变得困难，也增加了犯错的机会。因此，必须借助新工具与新技术，使得决策更有效。

管理者使用信息管理技术，能在任何地点、任何时间对信息进行评估，然后进行分析、解释，与参与者沟通，这是商业环境在过去几年间发生的大变化。处理信息并转化为决策的速度已经改变了客户和企业的预期。

3. 人机结合的变化

(1) 信息系统的改进。信息系统可以促进团队的合作，并且允许成员在不同的地方工作。今天的很多决策都是由团队不同职位的成员共同做出的，团队成员通过网络和智能手机可以快速、方便地沟通与合作。

(2) 数据管理的改进。决策需要的数据可以存储在不同的组织数据库中，甚至可能存储在组织外的网站中。数据可能包含不同语言的文本、声音、图像和视频。远距离传输数据是很有必要的，系统应能够快速、经济、透明、安全地对数据进行搜索、存储和传输。

4. 竞争能力的变化

商业智能分析支持能力的提高有赖于大数据和人工智能技术的进步，技术的发展可以帮助决策者对更多方案进行评估和预测，迅速进行风险分析，快速收集专家(他们中的一些人可能距离遥远)意见而且降低成本。某种程度上，管理者和员工均可以从分析系统中直接获得专业知识，决策者也能进行复杂的仿真模拟以辅助决策，进而提升竞争能力。

5.2.3 决策的特征

1. 面向需求方的精准决策

从权变理论角度看，没有一成不变的、普遍适用的、最好的管理理论和方法，一切问题分析应取决于当时的既定情况，商业环境中尤其市场和用户需求的变化促使决策者的决策方式做出改变。需求市场的活跃程度、新需求产生的速度、高质量产品和服务的需求，都需要决策者密切监视并研究外部环境及其变化，从中发现问题或找到机会，及时调整组织的活动，以实现组织与环境的动态平衡。决策前，要充分分析管理背景的变化和要解决的主要问题，及时调整研究思路和方法，灵活运用基本的管理理论，处理好两难困境，实现面向需求方的精准决策。

2. 组织目标性增强

任何决策都需要有确定的目标。目标体现的是组织期望获得的结果，目标本身也是对决策方案进行评价与测度的标准和依据。目标是组织的追求，决策则引导了组织成员在一定时期的行动方向。若目标不具有先进性特征，那么就意味着失去了组织追求的价值。从某种意义上说，组织目标的先进程度决定着组织的先进程度，组织只有在追求先进目标的过程中才能够不断进步，赶超越来越强的竞争对手，实现组织变革和发展。

3. 商业智能支持决策水平的提高

商业智能平台蓬勃发展，通过引入人工智能和机器学习技术，组织正在将数据仪表板和业务分析转化为更全面的决策支持平台，已经呈现出复杂工具组合与工作流程的高程度耦合的发展趋势，越来越多的组织正在朝着这个方向发展。

5.3 商业智能环境下的决策过程

5.3.1 决策制定过程的4个阶段

根据5.2节中所讲的商业智能环境下决策的变化和特征，可知决策过程已经越来越优化。本小节通过决策制定过程的4个阶段来分析商业智能环境下决策的过程。决策制定过程的系统化，从西蒙理论体系角度看，包括情报阶段、设计阶段、抉择阶段及实施阶段。

1. 情报阶段

情报阶段是决策制定过程的第一阶段，在这一阶段，决策者要审视现实问题，识别和定义问题，确定问题的所有权，即发现问题、问题分类、问题分解和确定问题归属。

(1) 发现问题：可以通过数智化监控和分析组织生产水平来发现问题。

(2) 问题分类：问题分类是指尝试将问题归入一个可定义的类别，或是引出一个标准的解决方法。一个很重要的方法是根据问题的结构化程度对它们进行分类，即从完全结构化(即程序化)到完全非结构化(即非程序化)。

(3) 问题分解：随着决策支持系统的开发和普及，基于更高级别的信息搜集、组织学习能力、管理职能的整合，许多复杂的问题都可被分解为若干子问题，解决若干子问题可以帮助解决复杂的大问题。同时，看似不合理的结构化问题有时候也可以分解为高度结构化的子问题，当决策的某些阶段的问题是结构化的，而其他阶段的问题是非结构化时，这就是一种半结构化问题。

(4) 确定问题归属：在情报阶段，确定问题归属是十分重要的。只有当某人或某团队承担处理问题的责任及组织有能力解决问题时，组织中的问题才会出现。解决问题权力的分配，即问题归属。如果问题归属未确定，那么需要确定问题属于哪个部门、哪个岗位，只有明确这个问题的归属，才可以认为情报阶段结束了。

2. 设计阶段

设计阶段，决策者寻找、开发和分析可能的行动方案。这些方案包括对问题的理解、知识要求和技术要求、测试解决方案的可行性等内容。这一阶段，可以运用模型解决问题，一个模型就代表一个系统的构建，通过假设问题变量并且确定变量之间的关系从而构建出模型。

3. 抉择阶段

选择是决策过程的关键行为。抉择阶段，决策者追寻某一特定的行动路线，遵循决策的步骤和标准，识别出行动可替代做法。本阶段，选择模型提出的解决方案(可能是具有广泛适用性的方案)，这个解决方案需要先经过测试，再确定可行性。当这个解决方案被评估为合理时，就可以进行决策的下一阶段。

4. 实施阶段

成功的实施可以使得真正的问题得以解决，失败的实施可能导致决策回到前一个阶段或彻底失败。决策实施的定义有些复杂，因为它是一个长期的过程并且具有模糊的界限。

实施阶段同样涉及收集和分析数据。虽然数据分析通常在对问题进行识别并提出解决方案时进行，但是在反馈过程中同样需要数据分析。尽管决策过程是由人主导的，但是也需要计算机支持，计算机技术、复杂数据处理技术、人工智能技术都将成为决策实施的重要支撑。

5.3.2 决策的信息技术支持

1. 决策支持系统的定义

早在20世纪70年代，斯柯特·莫顿首先提出决策支持系统的概念。他把决策支持系统(decision support system，DSS)定义为交互式计算机系统，该系统可以帮助决策者利用数据和模型来解决非结构化问题(Gorry 和 Scott-Morton，1971)。决策支持系统是将个人的智力资源与计算机功能结合起来，从而提高决策质量，为处理半结构化问题的管理者提供支持的计算机系统。实际上，决策支持系统可以视为一个概念方法论，也就是一个广泛的决策逻辑总称。也有一些人认为决策支持系统是一种范围较窄、较具体的决策支持应用程序。因此，应全面看待决策支持系统的决策辅助作用。

决策支持系统是支持组织决策的计算机系统。例如某个组织用知识管理系统指导其工作人员解决问题，另一个组织可能有独立的系统支持市场营销、财务与会计等，还有专门的决策支持系统如供应链管理系统支持生产，以及一些基于规则的系统进行产品维修诊断与帮助等。可以说，决策支持系统包含上述所有内容。

2. 商业智能环境下的决策支持系统

在早期的决策支持系统中，员工利用决策支持系统工具做一些支持性分析。随着计算机技术的发展，新一代管理者能自如地借助计算机快速、直接地进行智能商务决策。联机分析处理工具、数据仓库、数据挖掘和智能系统，这些新工具在20世纪90年代中期开始出现，属于商业智能及商业分析工具范畴，接下来将结合决策支持系统与商业智能介绍上述工具。

(1) 结构化决策的计算机支持：计算机可以支持结构化和一些半结构化的决策，特别是那些涉及操作和管理控制的决策。操作和管理控制决策可以在所有功能区中得到运用，尤其在金融和生产(例如运营)管理中。实际中经常会遇到拥有较高结构水平的结构化问题，这使得对问题进行抽象、分析，并将其分类到特定的类别成为可能。例如，生产或购买决策是一个类别，其他类别的有资本预算或资源分配、配送、采购、计划，以及库存控制等决策。对于每个决策类别而言，一个易于应用的模型和解决方案一旦建立，一般会有量化公式。因此，可以使用科学的方法进行自动的管理决策。

(2) 非结构化决策的计算机支持：标准的计算机量化方法只能部分支持非结构化问题，非结构化问题通常需要定制解决方案。然而，这样的解决方案可能会受益于从企业或者外部得到的数据资源，需要构建整体的数据资源交换平台和中心，进行多源性数据的标准化建设，发挥计算机支持非结构化问题的决策作用。

5.3.3 决策支持系统的思维体系

早期决策支持系统的定义是在半结构化和非结构化的决策情境中支持管理决策的系统。决策支持系统作为决策者的辅助系统，提升决策者的能力但不会取代他们的判断，决策者旨在做出不能完全由算法支持的判断或决定。此系统基于计算机系统，支持在线交互操作，并且有良好的图形输出能力，后期可简化为通过浏览器和智能设备查看。

决策支持系统通常用于解决某个问题或进行机会评估，这是决策支持系统和商业智能应用程序的主要区别。在一个非常严格的商业智能系统中使用分析方法监控情况并识别问题和机会时，报告在商业智能中起着重要作用。用户一般必须确定某一特定情况是否值得关注，然后应用分析方法进行分析。此外，虽然模型和数据访问(一般通过数据仓库)包含在商业智能应用程序中，但是决策支持系统通常有自己的数据库，并且用于解决一个具体问题或一系列问题。

决策支持系统的标准说法是用于支持决策的途径(或方法)。它是一个交互、灵活、适应性较强的基于计算机的信息系统，可开发特定非结构化管理问题的解决方案。它提供了一个简单的用户界面，方便使用者使用数据，并可以结合决策者自己的见解。此外，决策支持系统包括模型并且通过交互和迭代过程开发(可能由最终用户完成)，可以支持所有决策阶段，也包括知识部分。一个决策支持系统可以由单个用户使用，也可以基于Web供多人使用。

计算机系统已经渗透到复杂管理领域，从设计和自动化生产的管理，到评估企业并购的分析方法的运用，几乎所有的高管都认识到信息技术对商务活动有举足轻重的作用，因此他们广泛地使用信息技术。

随着时间推移，计算机应用已经从事务处理和监控职能转向分析问题与解决方案的应用，大部分的活动基于网络技术完成，在许多情况下通过移动设备进行访问。分析和运用商业智能工具(如数据仓库、数据挖掘、联机分析处理、指示板、仪表盘及网络)进行决策是现代管理的基石。除了软硬件的升级和网络容量的明显增加，计算机的一些发展和进步已经为决策的许多方面做出了贡献。当今时代和未来的管理者都需要在高速、网络化的信息系统(有线或无线)的协助下完成许多重要的决策。

课后习题

1. 简述商业环境的变化为决策带来了哪些挑战和改变。
2. 商业智能环境下决策的变化和特征是什么？
3. 简述决策支持系统的由来和作用。
4. 简述信息技术支持为决策带来的贡献。

习题答案

案例

DT 公司销售业务决策的商业智能分析

案例分析

DT公司成立于1970年，是色彩管理解决方案和色彩通信技术的全球领导者，DT公司是如何在短时间内构建适合自己的商业智能系统，形成企业竞争优势的呢？DT公司在行业竞争中取得成功，背后的驱动力又是什么？商业智能分析究竟给DT司带来了什么优势？

1. 初现"信息孤岛"

21世纪以来，DT公司紧随互联网时代的步伐，一步步完成了公司内部的信息化建设。2014年，公司开始采用新的ERP系统、CRM系统、MES系统、HRIS系统、定制化OA系统，各个系统都在有条不紊地运行着。

2018年9月，公司的业绩不断下滑，经过了解后发现公司虽然信息化程度很高，但是各部门都只围绕自己的信息系统开展每天的工作，他们长期专注于自己的部门，忽视与公司其他部门的沟通和数据对接，造成公司内部各部门间信息不对称，出现"信息孤岛"问题，给公司带来重大损失。信息孤岛，顾名思义，就是分散、互不联系的独立小岛，岛与岛之间信息阻塞，没有交流与沟通。

DT公司要想走出"信息孤岛"，就需要把企业核心业务数据整合起来，新兴的大数据技术和传统的商业智能分析融合起来就是一条"光明大道"。商业智能一般是一种解决方案，即"数据+业务"，以大数据为基础，把商业智能分析作为实现信息对称的一个工具，让它成为DT公司各个部门系统之间的桥梁，进而解决"信息孤岛"带来的一系列问题。

2. 厉兵秣马，蓄势待发

结合公司面临的问题，经过各部门员工多次商量探讨，公司高层领导提出采用基于销售业务的商业智能分析系统，目的是让它作为业务运营的桥梁，解决公司面临的"信息孤岛"问题。要引进一套系统必然要经历需求分析、系统选型、系统设计和系统实施这四大阶段。前期调研工作持续了近一个月，发现公司目前最关键的需求是将各个销售公司和制造工厂的业务流程整合、协同，需要一个新的平台，在不改变现有运作系统和组织模式的基础上将ERP系统和CRM系统打通。通过对不同商业智能分析系统的关键参数、可用性、支持能力、维护情况、自助功能和支持的数据类型等进行对比、分析，并结合DT公司的精细化需求分析，最终选择QlikView作为DT公司的商业智能分析系统平台。

3. 系统蓝图绘制

项目团队基于实用、统一、灵活、稳定和可靠原则，考虑到公司的CRM系统无须额外的硬件投入就可让全球的用户访问，而且ERP系统采用自建服务器模式，因此决定在数据中心新增一台商业智能服务器。从销售团队的CRM系统和制造团队的ERP系统的关键数据着手，将两套系统相互关联的业务数据打通，实现数据交换，形成一个闭环，完成数据清洗。通过商业智能分析系统的数据抽取、转换、加载技术将关键数据整合到商业智能系统的数据库，按照需求进行系统的设计，这样可以保证数据的统一性、唯一性和实时性。

一次例行会议上，有人提议："虽然我们已经把两个子系统中有用的源数据整合起来了，但还要考虑怎样应用这些源数据。基于我多年的经验，我认为可以采用ETL技术处理这些整合好的源数据，把它们转换成QlikView系统能用的数据。"这项提议获得了大家的一致赞成。

于是趁热打铁，基于整合好的源数据，和技术部一起进行ETL过程，即数据抽取、数据转换、数据加载。这是ERP系统的核心功能，可以将ERP系统的数据表提取出来，再将表与表的关键字段进行关联，这个过程要着重把源数据转换成系统可用的格式，便于后期应用时提取数据。

在界面设计方面，无论是销售团队还是制造工厂，对自己未来需要什么报表、以什么方式呈现、通过什么逻辑分析，都有自己明确的想法，各个部门按照自己的想法去实施。到了2019年10月，系统界面大致设计完成后，项目组就开始了最后一项设计工作——系统权限及网络连接。为了保证数据信息安全，DT公司此次实施的系统仅在公司内部网络环境下发布，还对不同的用户分配相应的权限，并且为系统登录设置了AD认证。在网络连接方面，只有在全球各个分公司的局域网内才可以连接到QlikView系统，还允许在家里办公或者处于长期出差状态的人员使用AD账号连接VPN后访问商业智能分析系统。

4. 付诸实践，扶摇直上

2020年1月，系统正式投入运行。项目组圆满完成了在DT公司建立基于销售业务决策的商业智能分析系统的任务，使其成为公司销售决策支持上的最大助力。

DT公司通过分析销售部门与其他部门的问题，在保持现有运作管理系统和公司组织机构不变的基础上，成功构建出一套基于销售业务的商业智能分析模式，使公司做到快速响应销售业务的需求。他们最终实现了三个目标：第一，销售数据的可视化展示，建立了新的KPI体系，使得销售和制造两个团队知己知彼，两个系统数据融洽对接，有效解决了"信息孤岛"造成的问题；第二，以销售业务为主线，以智能分析为核心来驱动经营数据；第三，在不改变ERP和CRM系统业务的前提下，将核心数据融入商业智能分析系统，实现数据价值的升华。

公司已经通过商业智能分析系统走出了销售业务的"信息孤岛"，系统运行状况良好，但DT公司期望的是进一步将商业智能分析的运行理念贯彻到各个组织中去。这个系统不应该仅仅是一张张报表、图表，更应该是一种理念，是在管理中体现智能，在智能中实现业务运作。大数据时代已经来临，要从现实转变成实现，就必须把大数据浓缩为适合自己的小数据，这样才能真正助力商业智能分析的最终目的：决策。

(案例来源：中国管理案例共享中心案例库)

思考题

1. DT公司开展销售业务商业智能分析的全过程包括哪几个步骤？
2. DT公司是如何选择销售业务商业智能系统平台的？
3. DT公司是如何对销售业务商业智能系统进行数据处理的？
4. 根据销售业务商业智能分析在DT公司商业决策中的应用，探讨商业智能环境下决策的概念、过程和方法。

第6章 决策支持系统

本章学习目标

- 掌握决策支持系统的定义和功能。
- 掌握决策支持系统的基本结构,并能对决策支持系统进行分类。
- 正确认识决策支持系统的优缺点。
- 明确决策支持系统的实现问题并解释其实现策略。

6.1 决策支持系统概述

6.1.1 决策支持系统的定义

20世纪70年代初,美国麻省理工学院的斯科特·莫顿(Scott Morton)教授在"管理决策系统"一文中首先提出了决策支持系统的概念。80年代,决策支持系统迅速发展起来并成为新兴的计算机学科。随着新技术的发展,所需要解决的问题也越来越复杂,所涉及的模型也越来越多,解决一个大的问题可能会涉及十多个、几十个甚至上百个模型。为了实现多模型的共同运行,决策支持系统应运而生。

早期决策支持系统的定义表明,决策支持系统可以在处理半结构化问题时支持决策人裁决、扩展决策人的能力,但不能代替其判断。

利特尔(Little,1970)将决策支持系统定义为支持管理者进行决策、数据处理、判断和应用模型的一组过程。该定义中隐含的假设是基于计算机系统,能为用户提供服务,以扩展用户求解问题的能力。

邦切克等(Bonczek等,1980)将决策支持系统定义为由三个相互联系的部件组成的基于计算机的系统:语言系统,提供用户与决策支持系统其他部件相互通信的机制;知识系统,存储决策支持系统中有关问题领域的知识;问题处理系统,连接其他两个部件,并包含决策所需要的一个或多个一般问题处理功能。该定义的提出对理解决策支持系统和专家系统的结构,以及两种系统的关系是非常重要的。

孟波教授给出的决策支持系统定义是:决策支持系统是一个交互式的、灵活的和自适应的基于计算机的系统,它综合应用数据、信息、知识和模型,并结合决策人的判断,支持决策过程的各阶段,支持决策人进行半结构化和非结构化问题的分析与求解。

本书将决策支持系统定义为:决策支持系统指辅助和支持管理者制定决策的一种系统,其重点是"辅助"和"支持"而不是决策工作的自动化,决策支持系统允许决策者在决策过程中融入主观判断,形成人与系统的相互交融,共同制定决策。

6.1.2 决策支持系统的特点

通过决策支持系统的定义可知其具有以下基本特点。

(1) 决策支持系统更加注重决策的效果,而非决策处理的效率。
(2) 决策支持系统为决策提供良好的环境,并不是完全代替决策。
(3) 决策支持系统具有智能性。
(4) 决策支持系统主要支持中、高层决策者的决策活动。
(5) 模型和用户共同驱动决策支持系统,其整个决策过程和决策模型都是动态的。
(6) 决策支持系统的处理方式是交互性的,即通过人-机对话的方式将计算机系统无法处理的因素(如人的偏好、主观判断能力、经验、价值观念等)输入计算机,并以此规定和影响决策者的进程。

认识决策支持系统的这些主要特点对建立和运用决策支持系统都是非常重要的。

6.1.3 决策支持系统的目标和功能

决策支持系统的目标在于提高决策的有效性。它通过计算机对信息进行收集、存储、加工和处理,并为决策者创造一个好的决策环境和决策支持工具,制定一个科学的决策,支持并按决策者的意图处理问题,在决策过程的不同阶段提供不同形式的支持,提高决策者的决策能力和决策的科学性。

决策支持系统不是代替管理者,而是支持决策者。决策者通过与计算机进行人-机对话,对问题进行调查与分析,并对系统给出的反馈信息予以响应。人机交互的处理方式,既利用了决策者自身的经验和洞察能力,又可以充分利用系统提供的大量信息和模型的分析能力,使得系统中的人、数据和模型这三种资源都得到了充分的利用。

综上所述,决策支持系统有以下主要功能。

(1) 决策支持系统主要解决的是半结构化和非结构化问题,因为这类问题不能或不便于用其他计算机系统或标准的定量方法及工具进行求解。
(2) 决策支持系统可以为高层管理者、生产线管理者提供支持。
(3) 决策支持系统可以为个体和群体提供支持,半结构化和非结构化问题的决策通常需要来自不同部门和组织层次的人员参与。
(4) 决策支持系统支持各种不同的决策过程和形式。

(5) 决策支持系统可以提高决策的有效性,而不是决策的效率。

(6) 决策支持系统可以自动调整处理方式,面对快速变化的环境,帮助决策人及时做出反应。

(7) 决策支持系统是灵活的,用户可以根据自身的需求增加、删除、组合、改变或重新安排系统的基本部分。

(8) 决策支持系统的目标是支持决策人,在问题求解过程中,决策人能完全控制决策过程的所有步骤,而决策支持系统不会代替决策人。

(9) 决策支持系统包括地理信息系统(geographic information system,GIS)、医疗诊疗系统、海洋生物管理系统等,可以获取不同类型、格式的数据,以及面向对象的各类数据。

(10) 决策支持系统通常应用模型分析决策问题,建模功能使决策支持系统能够在不同的结构下对不同的策略进行试验。

总而言之,决策支持系统的主要目标是提高决策的有效性以及扩展决策支持系统能够支持的决策范围,因此,应具有为决策者提供支持、制定不同决策方案、解决半结构化和非结构化问题的功能。

6.2 决策支持系统的基本结构与分类

6.2.1 决策支持系统的基本结构

决策支持系统是一个由多种功能协调配合而成,以提高决策有效性为目标的集成系统,主要由数据库管理系统、模型库管理系统和用户接口子系统构成,如图6-1所示。

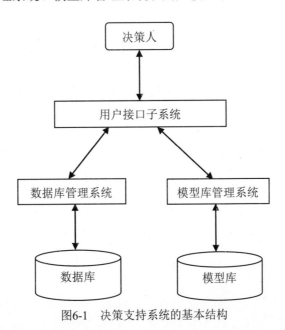

图6-1 决策支持系统的基本结构

1. 数据库管理系统

管理者基于数据与信息进行决策活动，数据和信息是减少决策不确定性因素的根本所在，因此，数据库管理系统是决策支持系统不可缺少的重要组成部分。

数据库管理系统的功能主要是对数据进行存储、检索、处理和维护，并从来自多种渠道的各类信息资源中析取数据，把它们转换成决策支持系统需要的各种内部数据。从某种意义上说，数据库管理系统的主要工作就是一系列复杂的数据转换过程。与一般数据库相比，决策支持系统的数据库对灵活、易改的要求特别高，并且要求在修改和扩充中不易丢失数据。

2. 模型库管理系统

在管理决策活动中，客观事物就是需要决策者处理的问题，管理决策模型就是对问题状态及其演变过程的描述，模型库就是这些决策模型的集合。模型库管理系统是决策支持系统的核心，也是决策支持系统区别于其他信息系统的重要标志。

3. 用户接口子系统

用户接口子系统的主要功能是接收和检验用户的请求，协调数据库管理系统和模型库管理系统之间的通信，为决策者提供信息收集、问题识别，以及模型构造、使用、改进、分析和计算等功能。决策者通过人机对话的方式，在个人经验的基础上，主动地利用决策支持系统的各种支持功能，反复学习、分析、再学习，最终选择一个最优决策方案。

6.2.2 决策支持系统的分类

决策支持系统的分类标准并不是统一的，一般来讲，按决策参与主体的不同，决策支持系统可以分为群体决策支持系统(group decision support system, GDSS)、分布式决策支持系统(distributed decision support system，DDSS)、智能决策支持系统(intelligent decision support system, IDSS)、决策支持中心(decision support center，DSC)等几类；按决策支持的方式不同，决策支持系统也可分为数据驱动的决策支持系统、模型驱动的决策支持系统、知识驱动的决策支持系统、通信驱动的决策支持系统、基于Web的决策支持系统、基于仿真的决策支持系统、基于地理信息系统的决策支持系统等。

1. 群体决策支持系统

将两人或多人召集在一起讨论问题，通过讨论制定出解决某问题的若干方案，然后评价这些方案各自的优点与缺点，最后选择一个合适的解决方案，这样的决策过程称为群体决策。群体决策通常为解决许多重大问题提供解决方案，具体流程就是在现有资料的基础上，将群体成员各自拥有的经验和智慧结合起来，通过会议的形式，汇总多数人的意见，最终做出决策。

群体决策支持系统的设计与开发是一个非常复杂的过程，一方面，群体决策支持系统根据其功能的设定需要考虑很多复杂的因素，如人、时间、地点、通信网络、个人偏好及其他技术等；另一方面，群体决策支持系统的运行与组织的制度及文化有着十分密切的关系，并会受到组织中其他不确定性因素的影响。群体决策支持系统为群体决策提供一种系统的方法，帮助其解决一些非结构化问题。群体决策支持系统将通信、计算机和决策技术结合起来，使问题的求解变得条理化、系统化，随着移动互联及高新技术的发展，群体决策支持系统技术越来越成熟，目前可以提供如下三种层次的群体决策支持系统。

(1) 第一层次的群体决策支持系统：第一层次的群体决策支持系统解决决策者之间的通信问题，帮助决策者们沟通信息，消除交流的障碍，提供及时显示各种意见的大屏幕、投票表决和汇总设备，支持无记名的意见和偏好的输入，帮助成员间进行电子信息交流。第一层次的群体决策支持系统通过改进成员间的信息交流来改进决策进程，通常所说的"计算机支持的会议室"就属于这一类。

(2) 第二层次的群体决策支持系统：第二层次的群体决策支持系统提供基于认知过程和系统动态结构的决策分析建模与判断方法的选择技术。这一层次的群体决策支持系统常常通过便携式单用户计算机来支持决策群体。决策者面对面工作，在群体决策支持系统的支持下(有时还包括必要的工作人员)共享知识和信息资源，制订行动计划。

(3) 第三层次的群体决策支持系统：第三层次的群体决策支持系统将第一层次和第二层次的群体决策支持系统技术结合起来，其主要特征是以计算机为基础来启发、指导群体，包括专家咨询和会议中规则的智能安排等。群体决策支持系统的目标是通过有规则的信息交流向决策群体提供新的方法，在信息交流过程中，第一步要做的就是克服信息交流的障碍，加速信息传播的进程，这是第一层次的群体决策支持系统；第二步要做的是使用一些较成熟的系统技术使决策过程结构化或准结构化，这是第二层次的群体决策支持系统可以提供的功能；第三步要做的是为群体决策的信息交流的内容和方式、议事的时间进程提供智能指导，从根本上解决非结构化决策的支持问题，这是第三层次的群体决策支持系统的发展方向，也可以说是群体决策支持系统的发展方向。

2. 分布式决策支持系统

分布式决策支持系统面向的对象是若干具有一定独立性又存在某种联系的决策组织。随着决策支持系统的快速发展，越来越多的人希望在更高的决策层次和更复杂的决策环境下得到计算机的支持，以做出合适的决策。然而，在更高的决策层次和更复杂的决策环境下进行的决策活动，所需的数据与信息比较分散且涉及许多承担不同责任的决策者，是一种组织决策或分布式决策。分布式决策支持系统是为解决这类决策问题而建立的系统。

分布式决策支持系统包括有机结合起来的软件和硬件两部分，是由多个物理上分离的决策支持节点构成的计算机网络，网络的每个节点至少含有一个决策支持系统或具有若干辅助决策的功能。

分布式决策支持系统具有区别于一般决策支持系统的若干特征。

(1) 分布式决策支持系统是一类专门为复杂决策活动设计的系统，能支持处于不同节点的、多层次的决策,为个人、群体和组织提供支持。

(2) 分布式决策支持系统可以支持具有不良结构问题的决策过程和基于不良结构信息的决策过程。

(3) 分布式决策支持系统支持人-机交互、机-机交互和人与人之间的交互,能为各节点提供交流机制和手段。

(4) 分布式决策支持系统能够从一个节点向其他节点提供决策结果,还可以对结果进行说明和解释,能够实现良好的资源共享。

(5) 分布式决策支持系统可以处理不同节点间可能会发生的冲突,能协调各个节点的操作。

(6) 分布式决策支持系统既有严格的内部协议,又是开放性的,允许系统或节点方便地扩展。

(7) 分布式决策支持系统内各个节点之间的关系是平等的且不形成阶梯结构,每个节点享有自治权。

3. 智能决策支持系统

在决策支持系统基本结构的基础上加入知识库管理系统,便得到图6-2所示的智能决策支持系统结构。知识库管理系统可以为人们提供一种或几种知识表示的方式和知识存储、管理的形式,帮助人们方便地表达他们的知识。除了具备表达、存储与管理知识的功能,知识库管理系统还能够很方便地调用这些知识为智能决策支持系统的运行(包括识别问题、人机对话、自动推理、模型构成及问题求解等)服务。因此,从这个角度来说,知识库管理系统是智能决策支持系统的核心部件。在结构上,智能决策支持系统增设了知识库、推理机制与知识库管理系统等。智能决策支持系统以知识库为中心,在模型数值

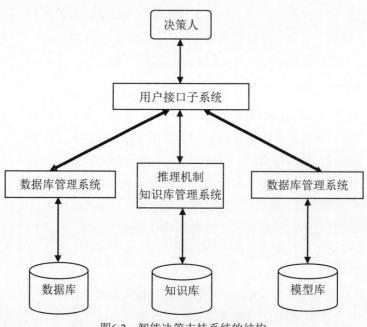

图6-2 智能决策支持系统的结构

计算的基础上引入了启发式方法等人工智能的推理方法，使系统代替决策人完成定性分析的大部分工作，并且系统是基于人工智能的处理方法进行计算，因此，其决策活动比人做得更好。智能决策支持系统中包含的知识推理机制能够不断获得新的知识，使系统的能力不断增强。智能决策支持系统包括需要模糊逻辑和神经计算等应用工具的专业知识，因此可以支持不确定性分析，也可以帮助决策者更好地识别、分析、求解问题以及控制决策支持过程。

在人-机交互方面，智能决策支持系统支持智能用户接口，是基于自然语言等处理技术的智能人-机系统，用户可以用自然语言提出决策问题，然后将其转变成系统能理解的问题描述，再完成问题求解。

4. 决策支持中心

决策支持中心的核心是一个由了解决策环境的信息系统组成的决策支持小组，其采用先进的信息技术，可以及时地为高层领导者提供决策支持。决策支持小组随时准备开发或修改决策支持系统以支持高层领导做出紧急和重要的决策。

决策支持中心具有以下几方面的特点：
(1) 决策支持中心与高层次的重要决策者处于相同地位；
(2) 决策支持中心的主体是一批参与政策制定、决策分析和系统开发的专家；
(3) 决策支持中心使用先进的计算机等设备进行决策活动；
(4) 决策支持中心通过人-机交互的方式支持高层决策者做出应急和重要决策。

决策支持中心与决策支持系统存在本质区别，决策支持系统的核心是计算机的信息系统；而决策支持中心的核心是决策支持小组，并且决策支持中心采取人-机结合的方式来支持决策者解决决策问题。决策支持系统与决策者之间只有一种人-机交互方式，而决策支持中心与决策者的交互方式有两种形式：一种是决策者与决策支持小组的交互方式，这种交互充分考虑了决策支持小组的决策支持地位和作用，当然，决策支持小组在支持决策者时，需要使用决策支持系统；另一种是决策者与决策支持系统的人-机交互方式。决策支持中心不但具有决策支持系统的基本决策支持功能，还具有其他功能，主要体现在人对决策的支持上。

决策支持小组对决策者的支持具有一定的深度、广度和灵活性等，主要表现在以下两个方面。

(1) 日常工作支持功能。目的是提高办公的效率和质量，为短期的决策、预测和现状分析等日常工作提供支持，并为决策者创造良好的决策环境。

(2) 定性与定量相结合的综合集成功能。就其实质而言，决策支持小组将各领域有关专家结合起来，把数据和各种信息与计算机技术有机结合起来，把各种学科的科学理论与人的经验、知识结合起来，构成一个整体，发挥决策支持中心的整体优势和综合优势，更好地支持决策者。

在决策支持系统的基础上增加决策支持小组，使得决策过程的各个阶段都有人参与，这是决策支持中心区别于其他决策支持系统的一个创新之处，因此，决策支持中心的成功率要高于一般的决策支持系统。当面临比较复杂的决策环境时，通过决策支持小组与决策支持系统进行人-机交互或者由决策支持小组采取传统程序的方式，可以快速、准确地制定解决方案。无论采取什么方式支持决策，决策支持小组的工作都占据重要地位。

决策支持中心支持决策的具体流程如下：首先，由决策者提出意向决策问题；其次，决策支持小组做出预决策，包括意向问题定义、决策方案生成和评价等；最后，决策支持系统与决策支持小组进行人-机交互，提供计算机信息环境，支持决策支持小组的决策分析活动。

5. 数据驱动的决策支持系统

数据驱动的决策支持系统强调按照时间序列的方式来访问和操纵内部与外部数据，通过查询和检索文件系统提供最基本的功能，应用数据挖掘技术和数据仓库系统为决策提供支持。数据仓库系统采用的工具与算法包括应用于特定任务的工具与算法、特制的计算工具与算法、较为通用的工具和算法。结合联机分析处理的数据驱动决策支持系统提供高级的功能和决策支持，此类决策支持是基于大规模历史数据或实时采集的数据来进行分析的。经理信息系统(executive information system，EIS)和地理信息系统都属于专用的数据驱动决策支持系统。

随着互联网、大数据等高新技术的发展，数据驱动的决策支持系统逐渐受到人们的重视。例如，在销售领域，智能推荐系统通过收集用户的数据来分析用户的喜好，开展满意度调查，为用户精准推荐产品。智能推荐系统为电商平台带来了极大益处，并逐渐与网络购物、网络商城建立起紧密的联系。目前，处于应用阶段的以数据为驱动的决策支持系统已应用于多个领域，例如应用于健康服务领域的决策支持系统、物联网环境下的产品状态监控与质量管理系统、基于人群搜索和社交网络分析的开源情报分析系统、数据驱动的优化决策与规划调度系统、企业危机管理系统等。

6. 模型驱动的决策支持系统

模型驱动的决策支持系统是通过对模型的访问和操纵来支持决策，例如仿真模型、预测模型、统计模型、规划模型、优化模型和评价模型等。一些简单的统计分析工具可以提供最基本的功能，而一些复杂数据的处理则需要专业的处理系统，例如，联机分析处理系统具有模型和数据的检索以及数据摘要等功能，可以实现对复杂数据的处理。模型驱动的决策支持系统的主要功能是利用决策者提供的数据和参数来辅助决策者对某种状况进行及时分析并制定解决措施。模型驱动的决策支持系统通常不需要大规模的数据库来存储数据，因为模型驱动的决策支持系统通常不是数据密集型的。

7. 知识驱动的决策支持系统

知识驱动的决策支持系统是解决专门问题的知识型人机系统，其所包含的"知识"与"技能"包括理解与解答某一特定领域问题。专家系统(expert system，ES)是典型的知识驱动的决策支持系统，它是一种可以提供某领域高质量专门知识的计算机程序，即把专家具有的知识、经验等转移到计算机程序中，并将其应用于某种特定的、难度较高的专业工作中，如医疗专家系统、军事专家系统，这类决策支持系统的显著特点是可以在某专业领域向决策者提出建议或推荐方案。

8. 通信驱动的决策支持系统

通信驱动的决策支持系统重点关注的是通信、协作及共享决策支持。在一般工作环境中，通信驱动的决策支持系统的应用形式包括电子邮件、网络会议、文件共享、交互式电视、基于计算机的面对面会议软件及公告板等，可以协助组织更好地将决策传递给组织中的人员。该决策支持系统通过基于组件的协作计算子集，构建"共享交互式软件和硬件环境"，能够使两个或者更多的人互相通信、共享信息并协调他们的行为，允许多个用户使用不同的软件工具在工作组内协调工作，支持混合型的群体决策支持系统的开发与应用。

9. 基于Web的决策支持系统

基于Web的决策支持系统是通过Web浏览器向决策者或分析者提供决策支持信息或者决策支持工具，通过Web浏览器可以访问全球网或内部网。运行决策支持系统应用程序的服务器通过TCP/IP协议与用户计算机建立网络连接。基于Web的决策支持系统可以采用通信驱动、数据驱动、文件驱动、知识驱动、模型驱动或者混合类型驱动等多种驱动模式。Web技术可以实现任何种类和类型的决策支持系统，因此，基于Web的决策支持系统的应用均采用Web技术实现。除此之外，应用程序的关键部分(如数据)库保存在服务系统中，而应用程序可以通过基于Web的组件进行访问，并通过浏览器显示。

10. 基于仿真的决策支持系统

基于仿真的决策支持系统可以提供决策支持信息和决策支持工具，以帮助决策者在仿真的基础上完成问题的分析和求解，决策支持系统通常使用仿真方法解决解析方法无法或难以解决的决策问题。仿真需要建立仿真模型，因此基于仿真的决策支持系统也是一种模型驱动的决策支持系统。决策支持系统中所使用的建模仿真技术主要是利用数学和计算机等技术和手段，根据决策支持的目的，把决策问题和过程抽象简化为模型(称为系统建模)，并在决策支持系统中对其进行反复实验，以获得决策问题的解决方案(称为系统仿真)。由于建模仿真技术具有安全、经济、直观、易懂、可重现的特点，因此经常运用于决策支持系统中。

11. 基于地理信息系统的决策支持系统

基于地理信息系统的决策支持系统是通过地理信息系统向决策者提供决策支持信息或决策支持工具，如ARC/INFO、MAPinfo及Arcview等，具有丰富的功能，但对那些不熟悉地理信息系统及地图概念的用户来说，比较难掌握。具有特殊用途的地理信息系统工具是由地理信息系统程序设计者编写的程序，以易用程序包的形式向用户提供特殊功能。早期具有特殊用途的地理信息系统工具主要采用宏语言编写，现今地理信息系统程序设计者拥有较从前丰富很多的工具集来进行应用程序开发。程序设计库拥有交互映射及空间分析功能的类，从而使得采用工业标准程序设计语言来开发特殊用途的地理信息系统工具成为可能，这类程序设计语言可以独立于主程序进行编译和运行。同时，Internet开发工具已经成熟，能够用来开发非常复杂的基于地理信息系统的程序。

6.2.3 决策支持系统与管理信息系统的关系

信息系统包括管理信息系统(management information system，MIS)和决策支持系统，两者有一定的联系。管理信息系统以计算机为基础支持管理活动和管理功能，通过人和计算机相互结合的处理方式，对管理信息进行收集、存储、维护、加工、传递和使用的系统。决策支持系统是在管理信息系统的基础上发展起来的，两者的共同点包括都以数据库系统为基础，都需要进行数据处理，都能在一定程度上为用户提供辅助决策信息。

从技术角度来看，决策支持系统和管理信息系统的区别如下。

(1) 决策支持系统可以处理半结构化和非结构化问题，而管理信息系统只能处理结构化问题。

(2) 决策支持系统可以处理不确定性问题，而管理信息系统处理的是确定性问题。

(3) 决策支持系统具有强大的模型管理与服务功能，可以处理多模型问题；而管理信息系统一般只涉及并处理单模型问题。

(4) 决策支持系统具有较强的人-机交互功能，该功能是决策者与系统进行交流的接口，决策者通过该功能去操作和控制系统，了解系统的响应并从中获取需要的信息；而管理信息系统的人-机交互功能较弱。

(5) 管理信息系统根据生产、销售和人事等不同事务，结合多个事务的电子数据进行处理，因此要经常维护数据；而决策支持系统是通过多个模型的组合计算辅助决策，通常是对数据进行使用而不经常维护。

(6) 决策支持系统的功能包括支持方案生成与评估，但管理信息系统一般不具有这样的功能。

(7) 决策支持系统以模型驱动为主，而管理信息系统以数据驱动为主。

(8) 决策支持系统的运行强调交互式的处理方式，一个问题的决策要经过反复的、大量的、经常的人-机对话，人的因素如偏好、主观判断、能力、经验和价值观等对系统的决策结果有重要的影响；而管理信息系统解决的问题是具有确定性的。

(9) 管理信息系统收集、存储的大量基础信息是决策支持系统工作的基础，而决策支持系统能使管理信息系统组织和保存的信息真正发挥作用。

(10) 决策支持系统面向高层人员，是辅助决策服务的系统；而管理信息系统面向中低层管理人员，是为管理服务的系统。

6.3 决策支持系统的优点和局限性

6.3.1 决策支持系统的优点

(1) 决策支持系统在为决策者提供服务的过程中，可以帮助决策者扩展处理信息和知识的能力。

（2）决策支持系统可以帮助决策者处理一些复杂的结构化问题，减轻决策者的脑力劳动强度，节省大量宝贵的时间。

（3）决策支持系统为决策者提供更多解决问题的新方法，并能够对某一问题提出具有创新性的见解。

（4）决策支持系统可以提供新的组织战略或竞争优势，帮助组织在激烈的市场竞争中保持优势地位。

（5）决策支持系统的成功实现可以大大缩短制定决策的时间，提升决策过程与决策结果的有效性。

6.3.2 决策支持系统的局限性

（1）决策支持系统目前还无法替代人类做出决策，在决策制定过程中，缺乏人类拥有的创造力、经验和想象力等。

（2）决策支持系统的语言和命令还不够成熟，还无法处理自然语言方式的用户指令和查询。

（3）决策支持系统是针对具体问题与具体应用设计的，所以决策支持系统缺乏通用性。

（4）决策支持系统的能力受到设计者给出的知识的限制，因此，决策支持系统无法解答超出知识限制的决策问题。

（5）对于决策问题，决策支持系统无法提供完全准确的解决方案。由于决策本身具有不确定性与复杂性，且对不同情况的处理方式也不同，决策支持系统的模型库能够提供的分析能力是有限的，因此，决策支持系统无法提供完全正确的解决方案。

6.4 决策支持系统的实现

6.4.1 实现决策支持系统涉及的问题

决策支持系统的成功建立只是支持决策和求解问题的初始阶段，重要的是将决策支持系统引入组织，使其发挥自己的功能从而达到预定的目的。如同其他计算机信息系统一样，其结构的复杂性使得决策支持系统并不都能成功实现，而是存在各种风险。决策支持系统除了帮助组织收集、处理和发布信息，还可以进行管理决策，这些功能的成功应用将改变组织运作的方式。决策支持系统的实现涉及开发进程和系统实现两方面。

首先，开发进程。决策支持系统的实现是一个开发过程，包括提出开发建议，开展可行性研究，进行系统分析与设计、编程、转换，以及系统安装，具有迭代、累接和循环的特点，因此决策支持系统的实现是一个较长的过程。

其次，系统实现。在实际使用过程中，系统一般只能实现70%～90%的功能，其他部分功能的实现需要由人来完成，这种实现形式称为部分实现。系统无法百分之百实现其功能的原因之一是系统中的某些部分需要修改，而这种修改有时可能产生某些不利的影响，因此，有时不得不舍弃这些产生不利影响的部分。另外，还有预算减少或费用超支等原因。引入决策支持系统时，应该鼓励对结构化程度低、变化快且难以预测的系统部分进行部分实现，这种部分实现在提高系统适用性、柔性等方面具有重要意义。

6.4.2　成功实现决策支持系统的决定性因素

20世纪50年代以来，管理科学领域进行了对系统实现问题的研究，在此之前，管理信息系统研究者对系统实现问题的研究已有20多年了，提出了许多想法和理论，并且提出了早期的信息系统实现模型。

成功实现决策支持系统的决定性因素可分为两大类：与任何信息系统有关的一般因素和与特定的决策支持系统技术有关的因素。具体来讲，成功实现决策支持系统的因素可分为9类，如图6-3所示，各类因素之间常常是相互关联的。

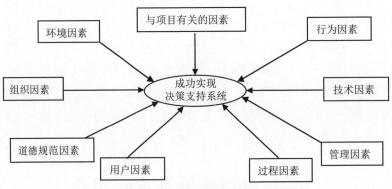

图6-3　成功实现决策支持系统的决定性因素

6.4.3　决策支持系统实现策略

随着研究的逐渐深入，现阶段对决策支持系统实现策略的研究已经取得了较大进展，且许多信息系统的实现策略都具有普遍性，可用于指导决策支持系统的实现。决策支持系统的实现有一个总的策略，如将项目分片后再集成，但是在实现的不同阶段或同一阶段的不同工作中，还需要根据系统总策略与具体情况相结合，选择具体的实现策略，如多部件的接口可以采用黑盒方式处理。因此，在成功实现决策支持系统的各个阶段，应当注意具体策略的调整，如表6-1所示。

表6-1　决策支持系统实现策略

实现策略	典型的情形或目的	遇到的问题
将项目分片	降低开发大型系统失败的风险	如果片太小,集成各片可能有困难
用原型法	成功取决于新的概念,在提交完全的系统前试验概念	对原型的反应总是与最终配置系统不同
进化方法	试图减少在开发者与用户、愿望与产品之间的反馈循环	必须处于不断的变化中
开发一系列工具	满足专门的数据库分析需要,并创建小的模型	可应用性是有限的
保持解简单	鼓励用户使用而不是吓倒用户	通常是有益的,但可能导致误表达、误解和误用
简单化	对于复杂系统或情况,可以选择简单的方法,使复杂问题简单化	某些企业问题较复杂,如果只给出简单的解决方案,可能使系统无效
隐藏复杂性	可将系统看作最简单的形式,即一个黑盒,它对用户隐藏复杂的处理过程,直接给出问题的解	黑盒可能会对系统输出产生不良的影响
避免变化	如果有可能,使已有的过程自动化,使其性能稳定,而不开发新的业务和活动	对新系统影响最小,但当需要过程变化时,不是一个灵活可变的策略
开发一个合作支持库	用户的管理支持库的某些部件不存在	应用某支持库获得的策略,而未适当注意其他策略,可能是危险的
让用户参与	不是通过用户开始系统开发,或开发前的使用模式不明显	多用户意味着要平衡多目标;不是所有用户都参与每个部件和每个阶段的开发;多个用户较难协调,并且用户难以理解某些复杂的模型

在实现决策支持系统的过程中,决策者可以根据不同情况选择与之相适应的实现策略,以帮助用户成功实现决策支持系统,提高决策的有效性。

课后习题

1. 决策支持系统的定义与特点是什么?
2. 简述决策支持系统的目标与功能。
3. 简述决策支持系统的基本结构。
4. 什么是数据驱动的决策支持系统?
5. 简述决策支持系统和管理信息系统的联系与区别。
6. 简述智能决策支持系统的发展过程,它与大数据时代有何关系?
7. 简述决策支持系统的实现过程与实现策略。

习题答案

案例

数据驱动采销智能决策

案例分析

面对资产重、成本高、政策严、市场不稳定等因素,钢铁企业数字化转型迫在眉睫。河南亚新钢铁集团有限公司(下称亚新钢铁)以山西中升钢铁为试点,打造智能决策动力引擎,破除多部门信息壁垒,实现全局优化和全链路协同,降低了采购和生产成本。从人工运营到智能决策,从"摸着石头过河"到运筹帷幄,亚新钢铁为钢铁企业数智化转型探出了一条新路。

亚新钢铁成立于2003年,拥有河南亚新、山西中升钢铁、内蒙古亚新隆顺特钢、连云港亚新、福建鼎盛五大生产基地。面对新的行业形势,亚新钢铁积极探索,希望借助数智化手段优化成本和效率。数智化升级"牵一发而动全身",亚新钢铁决定把山西中升钢铁作为第一个试点,逐步推进改革步伐。

成立于2007年的中升钢铁,采用"转炉炼钢、连铸连轧、一火成材"的全连轧生产工艺,装备、工艺、技术处于国内领先水平。一个偶然的机会,中升钢铁了解到杉数科技的全局优化方案,双方很快达成合作,确定了以原燃料配比优化为突破口,带动采购决策和生产配料决策的全局决策优化方案。

1. 深入场景,把脉运营决策三大痼疾

与杉数科技合作之前,中升钢铁的生产、采购、市场等业务环节相对独立,各部门仅在业务范围内进行优化运营,原燃料选矿配比、采购策略和生产计划都以依靠人工经验进行决策为主。随着供应链和市场需求不确定性的增加,依靠人工经验进行决策的难度增加,很多难以看见的成本被忽略,预计产出与实际产出、预计收益与实际收益偏差很大。要改变这种局面,必须解决数据、协同性和效率等三大关键问题。

一是数据依靠人工统计,协同效率低。钢铁企业的生产运营数据基本依靠人工统计,各个场景产生的数据未被有效利用。在运营管理过程中,信息传输主要依靠电话、微信等工具,很多工作无法量化,运营管理效率低。

二是决策依靠人工经验,缺乏科学性。高度依赖人工经验的决策方式已经不再适应复杂多变的市场。一方面,原燃料品种多达数百种,人工无法把所有的约束都考虑进去,也无法对所有可能性组合进行分析,决策具有片面性;另一方面,原燃料品质与市场变化日新月异,人工决策无法快速响应,可能会造成不必要的浪费或失去有利的市场机会。

三是采销数据断层,收益预测不精准。钢铁企业收益由生产成本和产品市场价格共同决定,但由于生产、采购和销售各模块互相割裂,很多影响因素被忽略,导致企业收益预测和实际达成情况偏差较大。举例来说,销售额的增加意味着更高的原燃料成本、运输成本、能源消耗、人力成本等,如果只考虑营业额和原料采购成本,收益预测就会偏高。

以上问题不仅是中升钢铁面临的难题,也是很多钢铁企业运营现状的真实写照。为此,中升钢铁和杉数科技双方项目人员深入场景挖掘问题点,精益求精地打磨每一个环节的方案设计和实施细节。

2. 破除壁垒，凿通从数据到决策的智能通衢

通过对生产流程和业务场景的深入研究分析，中升钢铁和杉数科技拟定了数字化转型路径：从基础数据入手，通过数据整合、算法建模和优化求解，帮助中升钢铁打造数据驱动的采销智能决策平台。该平台可以结合原燃料成本与钢材市场价格快速计算并做出决策，给出满足生产要求的原料配比方案，实现成本最小化和收益最大化。

方案主要包括以下几大模块。

一是构建基础原料数据库。采购员通过系统随时录入原料成分数据和市场价格数据（系统支持手工录入、Excel表格导入和系统集成），让企业数据收集实现标准化和实时化。这些数据可以作为基础数据长期存储，将为决策算法提供输入值。

二是构建工厂及工艺模型。基于中升钢铁的实际生产工艺和运营情况构建工厂及工艺模型。工厂模型可以根据不同区域或者不同工厂进行系统设置，以维护车间、设备的基本信息，如烧结、球团投入产出量，高炉投入产出量，转炉投入产出量等信息。

三是构建智能采销决策平台。从全局视角构建生产成本的算法模型。在原燃料配比选矿方面，综合考虑种类、成分、质量、价格等因素，同时考虑原燃料质量对烧结设备、高炉产量、能耗、成本等的影响，并协同考虑采购、生产、市场等各经营指标的相互作用及变化趋势。在预设产能要求的条件下，寻求最低成本的原料配比方案，在满足约束条件的基础上实现利润最大化。同时，通过多场景仿真模拟，收集使用当前工艺约束、生产成本、经营成本等信息，做出最优化产销决策及不同场景下的备用方案供企业决策者使用。

通过以上几大模块，可以将钢铁冶炼过程中的各个因素综合考虑，得出最优的配比方案。具体运营过程中，采购员可及时同步市场上原材料的成分及价格信息，供相关决策者了解市场行情变动情况；工艺员可及时同步各项工艺的指标及参数要求，并可以使用决策软件得出最优生产配比；决策者通过查看原料成分价格趋势和产品成分价格趋势，比对系统给出的多版本采购决策方案，做出最优的采购决策。

3. 由点到面，为企业数智化转型多维赋能

对于中升钢铁来说，打造采销智能决策平台是一项立足当下、面向未来的重要工程，在钢铁生产优化上实现了三大突破。

第一，以利润最大化为目标实现全局优化，可全面提升资源利用率，降低钢铁生产成本。从整体效果来看，相较于人工决策，每吨铁水成本节约2.3%，每吨钢坯成本节约1.8%。

第二，大幅提升了决策速度，解决了之前通过人工无法计算和量化的问题。决策效率的提升可以帮助企业敏捷响应市场变化，强化运营管理的柔性和提升抗风险能力。当原料和市场需求出现变动时，企业可以针对不同情景，快速模拟仿真，做出最优采购决策：如果短期内需求骤增，可保障最大产量；如果短期内需求骤减，可保障最低生产要求。

第三，消除了多工厂、多部门、多系统的数据鸿沟，实现全局协同运营以及精细化、透明化管理。借助一体化平台，可降低数据错误带来的风险。同时，将粗放式运营决策升级为精细化运营决策，让决策、计划和执行高度联动与统一，进而提升整体生产运营效率

和服务履约水平。

除原燃料配比优化外，杉数科技提供的智能决策解决方案覆盖钢铁生产计划、产能优化、物流运输、节能减碳、碳素流模型优化、电力分配等多个场景。随着中升钢铁一期项目的顺利上线，未来双方还将深化合作，将智能决策技术应用到更多钢铁生产运营场景中，为钢铁企业数智化转型注入更多活力。

(案例来源：中国管理案例共享中心案例库)

思考题

1. 中升钢铁为什么要选择与杉数科技共同打造智能决策支持系统进行智能决策？
2. 结合中升钢铁这一案例，简述一个有效的决策支持系统应具有哪些功能？
3. 结合案例中的实践部分，思考决策者在设计决策支持系统时应考虑哪些问题和因素？

第7章 大数据的决策应用

本章学习目标

- 理解大数据的定义与特征。
- 明确大数据对管理决策的影响。
- 知晓大数据决策的流程与方法。
- 明确大数据应用与决策的关系。

7.1 大数据概述

7.1.1 大数据的定义

"大数据"这一概念最早是由著名的未来学家阿尔文·托夫勒在其1980年出版的《第三次浪潮》一书中提出的,然而当时这一概念并没有引起广泛的关注。2011年,麦肯锡全球研究院公开发布《大数据:下一个创新、竞争和生产力的前沿》研究报告,该报告明确提出"大数据"这一概念,并正式指出"大数据时代"已经到来,自此,"大数据"这一概念真正被人们关注并开始广泛传播。

对于"大数据"一词的定义,很多人直观地认为,大数据就是很多数据、很大规模的数据、很多来自不同地方的数据,以及很难进行处理的数据。维基百科对大数据的定义如下:大数据是指无法在一定时间内用常规软件工具对其内容进行抓取、管理和处理的数据集合。

本书认为,大数据是利用先进的技术与方法,整合与处理从不同渠道获取的多种结构、形态的数字资源,通过建构新的逻辑结构将这些复杂、抽象的数字资源具体化的信息集成。

7.1.2 大数据的特征

大数据具有大容量、多样性、速度快和真实性等特征。

1. 大容量

随着物联网、云计算、云存储以及各种随身设备的发展，人和物的所有轨迹都可以被记录，数据因此被大量地生产出来。2011年，马丁·希尔伯特等人在《科学》上发表了一篇文章，其研究团队追踪并计算了1986—2002年人类存储的信息数量，研究范围涵盖60多个领域，最终估算出，到2007年，人类已经存储了超300EB的数据，且之后每年数据的存储量呈倍数增长。

2. 多样性

大数据时代，数据格式不再单一，涵盖了文本、图片、音频、视频、模拟信号等不同的类型。此外，随着传感器、智能设备以及通信技术的飞速发展，数据的来源也越来越多样，数据不仅产生于组织内部运作的各个环节，也来源于组织外部。例如，在交通领域，交通智能化分析平台除了通过路网摄像头，还通过公交、轨道交通、出租车、客运、旅游、危险化学品运输、租车、停车等行业的相关系统获取全方位的交通数据。将这些数据筛选与处理后，得到以下结果：每天，约4万辆机动车会产生约2000万条记录，交通卡刷卡记录约1900万条，手机定位数据约1800万条，出租车的运营数据约100万条，电子停车收费系统数据约50万条。

3. 速度快

大数据的快速度主要体现在产生速度与处理速度两个方面。现阶段，由于用户众多，短时间内产生的数据量非常庞大，且有些数据是呈爆发式增长的，例如，欧洲核子研究中心的大型对撞机在工作状态下每秒可以产生PB级的数据。在数据的处理速度方面，有一个著名的"一秒钟定律"，即数据处理要在秒级时间范围内给出分析结果，超出这个时间，数据就会失去原有的价值。为什么要求数据处理的速度如此之快？因为很多数据本身是具有时效性的，很多传感器的数据在传出几秒之后可能就失去了意义，因此需要计算机对数据进行足够快的处理，从而发挥其本身的价值。

4. 真实性

获取大数据的目的在于支持决策，真实、有效的数据是制定成功决策的基础，因此，数据的获取需要确保其真实性。但在实际应用中，有些数据具有不可预测性，人的主观感受、无法预测的未来变化、变幻莫测的市场环境等因素会影响所获取数据的真实性，在处理这一部分数据时，现有技术还无法完全修正这种不确定性。但为了充分发挥这些宝贵数据的价值，组织和管理者必须承认并接受这些大数据的不确定性，利用数据融合的方法，将这些具有不确定性的数据结合起来以创建更准确的数据点，或者采用鲁棒优化、模糊逻辑等先进的数学方法进行处理。

7.1.3 大数据的应用

从普遍应用的角度来讲，大数据产生于人类生产、生活的各个领域，最终应用于人类，为人类的生产和生活服务。很多组织也开始将大数据应用到管理决策中，大数据能帮助领导者更有效地进行管理，让每一位领导者都可以拥有创新的管理和决策模式，并做出更科学的决策。

例如，大数据在政府统计工作中发挥了非常重要的作用，可以基于大数据监测城市的流动人口、预测房地产价格指数的变化。在金融投资领域，金融机构向中小企业发放贷款时，会利用大数据对该企业的信用体系进行评估，最终决定是否向该企业发放贷款。在社会研究工作中，大数据也发挥着非常重要的作用，有很多社会研究者通过互联网或其他方式获取与自己课题相关的数据。在大型城市中，交通堵塞的问题已经严重影响了百姓的日常出行与生活体验，交通管理部门通过各道路安装的摄像头和传感器分析各个十字路口在不同时间段等候过街的行人数量，然后根据行人的数量自动改变红绿灯的等候时长以疏导交通，同时，对于无人等候过街的马路，可以缩短车辆等候时间，减少车辆拥堵。

随着信息技术的发展，互联网、云计算、区块链等一系列新的技术相继应用于人们的日常生活，给人们的生产与生活带来了颠覆性变化。智能手机的普及使得人们可以更加快速、方便地联入互联网，这些访问便成了数据产生的来源。随着越来越多人接触到智能设备和互联网，全球数据量呈爆炸式增长。通过不断地收集、分析、处理和整合这些数据，企业可以及时掌握市场变化规律，了解消费者的消费行为和习惯，从而达到利润最大化、产品和服务创新的多重目的。

7.2 大数据对管理决策的影响

互联网推动信息化时代到来，信息化则成就了大数据时代，企业组织的领导者必须顺势而为，以积极的心态迎接这个新时代的到来。大数据让不可量化的凝聚力被量化，管理者进行管理决策的最大障碍是缺乏凝聚力，管理者可通过大数据了解团队的核心凝聚力是什么，从而形成向心力，进行有效的管理。

美国著名的Sociometric Solutions公司首席执行官本·瓦贝尔(Ben Waber)在其所著的《大数据管理》(Big Data Management)一书中写道："如果我告诉你，改变一下工作的休息时间会让员工更有效率，而调整餐桌尺寸是公司重要的决策之一，你会做何感想？这些问题都是传统人力资源理论从未关注过的细节，因为它们难以被量化。然而，员工多休息10分钟，改变饮水机的摆放位置，午餐多和同事一起吃……这些过去不被企业管理者重视的问题，正是增强一个团队凝聚力和向心力的一部分。"

7.2.1 大数据时代的组织和业务变革

网络技术和大数据技术的共同发展，促使组织变革的步伐不断加快，主要体现在对跨部门和跨职能的协作要求更高、能够得到更为明确定义的数据、对数据技术人员的管理更富挑战性、用户画像可以被精准刻画、数据驱动的运营和决策效率大幅提升等方面。

1. 跨部门和跨职能协作的要求

高效的组织必须将信息和决策权分配给不同的部门。在大数据时代，灵活的组织结构以及最大限度的跨部门和跨职能协作是组织发展的必要基础。领导者需要为各部门管理人员提供合适的数据和专家，高度重视IT规划、运营和维护，打通跨部门和跨职能合作的信息孤岛。

2. 大数据明确定义的要求

一些人认为，在大数据时代，领导经验、直觉和远见的关键作用越来越小。但是，由于大数据时代需要能够发现机会，敏锐地思考、创新并说服员工实施新想法的领导者，所以大数据时代的领导者必须能够做出适应时代变革的决策，大数据本身也是时代的变革之一。

3. 数据技术人员管理的要求

在大数据时代，数据工程师的价值将特别突出，尤其是能够处理大数据的科学家。对数据科学家来说，统计能力至关重要，但比统计能力更重要的是清理和组织大数据的技术，因为大数据时代的数据格式通常是非结构化的。最好的数据科学家不仅要懂商业语言，还要有复杂的知识储备和丰富的经验，只有这样，才能帮助决策者从数据的角度理解公司面临的挑战。

4. 用户画像精准刻画的要求

在大数据时代，个性化将颠覆传统模式，成为未来社会发展的方向和动力。基于可转移性的交叉融合数据、个人行为和偏好的全息数据等，大数据为个性化应用提供了广阔的可持续发展空间。未来，社会管理和商业应用可以准确分析每个人的不同兴趣和偏好，通过研究和分析这些数据，为他们提供个性化服务。

5. 运营和决策效率提升的要求

利用大数据可以进一步发挥算法和机器分析的作用，以提高运营和决策的效率。基于大数据创造出的以信息为导向的管理模式，在各类组织的价值链中发挥了核心作用。数据驱动的运营和决策可以验证假设并分析结果，以推动决策过程和运营变革。

此外，大数据给更多的组织业务和管理方面带来挑战并产生重要影响，信息时代为管理者们提供了庞大而深厚的大数据基础，只要管理者能够尽快改变思维，深入挖掘并充分、有效地使用大数据，就能够在快速变化的全球化环境中抓住机遇并赢得竞争。

7.2.2 大数据时代的管理变革

大数据技术的核心目标是从结构复杂、数量大、内容多的数据中挖掘隐藏规律，以实现数据价值的最大化。由于大数据推动了当前工作和生活方式的变化，如果想使用大数据，需要用大数据思维。人类社会已经从信息技术时代发展到数字技术时代，大数据思维对整个社会的进步和发展是不可或缺的。如果不改变思维方式，即使使用新技术来做传统的事情，也很难发挥作用。

想要使用大数据，首先需要了解大数据是用来做什么的，以及数据是怎样用于决策的。人类的决策不一定是理性的，但可以从数据中得到许多假设和判断，并利用大数据思维构建科学、合理的数据决策系统。培养大数据思维应注意以下几点。

(1) 意识到大数据的价值，做好大数据资产的筛选和评估工作。

(2) 基于顶层设计，做好系统规划，领导层的思想转变尤为重要。大数据时代，领导者要与时俱进，从思想上重视大数据对企业的影响，将数据视为组织发展的核心资源，对其进行最高级别的设计和系统规划；将数据的收集、管理、分析和有效利用视为构建核心竞争力的重要事件；充分利用信息技术对数据分析的重要支撑作用。

(3) 既要强化数据管理，也要重视数据安全。

(4) 优化内部协调模式，加强外部协作，实现共赢。

(5) 在数据支持决策过程中，过程比分析更重要。在组织中建立数字化流程远比建立强大的数据系统和数据分析团队更重要。

大数据管理已经成为许多政府机构、组织和企业需要关注的重要话题，现在也是构建全面的大数据管理平台的最佳时机。全面的大数据管理平台可以帮助公司、公共机构和政府部门有效管理大数据，使大数据成为高管的有力工具和组织发展的动力。

开放的数据意味着研究人员不仅可以使用更充足的资源来提高研究和咨询结果的科学性和准确性，而且还可以与不同的数据公司合作，发现以前被海量信息淹没的特征或规律，从而做出不同于以前的分析和判断，提出对策和建议，甚至同时给出多种不同的对策和建议。大数据技术还能够更好地协调不同管理者的需求，以有效支持公司的管理和决策需求。

7.2.3 大数据在产业发展中面临的挑战

大数据已经应用于电商、传媒、金融、交通、医疗、安防、电信等各个领域，其对经济发展、产业发展的促进作用已经十分明显。下面通过一个大数据在医疗领域应用的例子来说明大数据在产业发展中面临的挑战。

阻碍医疗大数据产业发展的主要问题有两个：一是数据互通的整合问题，二是数据交换、共享机制的问题。将国家力量与产业资本相结合，可以有效解决网络互联、数据互通的问题，建立医疗大数据产业共享机制，搭建行业交流平台，更好地推动大数据和人工智能在医疗和医药行业的应用。尽管国家在宏观层面大力推动和支持医疗大数据的发展，但在政策实施和具体运作过程中仍有许多实际困难和障碍需要克服，特别是以下4点。

1. 医疗大数据的共享和开放程度不高

医疗卫生机构无疑是收集和存储医疗大数据的主要机构，而且与基于移动医疗应用产生的数据相比,来自医疗卫生机构的数据,特别是电子健康记录等数据,具有更高的准确性和商业开发价值。然而,在当前的医疗系统中,医疗卫生机构没有动力共享这些数据。医疗机构与卫生机构之间,以及医疗卫生机构与公众之间存在不同程度的数据壁垒。数据孤岛效应不仅导致患者数据的重复收集和医疗资源的浪费,还阻碍了医疗卫生机构大数据系统的开发和建设。

目前,民营企业和外资企业可能只能通过与医疗机构的双边合作共享数据资源,小心翼翼地探索健康医疗大数据的开发和应用模式,暂时还不清楚未来医疗数据资源是否会向民营企业和外资企业开放,以及开放的程度。此外,建设全国医疗数据资源集成和共享平台涉及多方监管部门和参与主体,实施起来存在较大难度,距离平台最终建设完成乃至进一步开发和利用可能还有很长一段路要走。

2. 医疗大数据领域的法律体系亟待完善

当前的法律制度无法正确解释和定义健康医疗数据(特别是医疗数据)的所有者。在实践中,对医疗数据的所有权是属于患者还是属于医院存在争议。人们认为,医院和患者都参与了医疗数据的形成,因此医疗数据理论上属于每个人;还有一种观点认为,医疗数据的所有权属于患者,控制权属于医院,管理权属于政府。第三方机构需要借助政府支持和医院配合,将医疗数据的开发和使用商业化。医疗数据所有权的模糊性不仅阻碍了医疗数据的授权使用,也不利于保护患者的人身权利。

3. 医疗大数据的隐私性

医疗大数据作为信息资产,如果经医疗机构或经授权的第三方机构合法处理,以展示智力成果或经济价值,则根据适用的法律框架,医疗大数据可能受到知识产权或商业秘密的保护;医疗机构和移动医疗运营商采集的与个人健康相关的原始信息和数据,主要还是属于个人信息和隐私的范畴,可从人身权角度进行保护。

4. 医疗大数据的安全性

《关于促进和规范健康医疗大数据应用发展的指导意见》提出要采用多项措施保障医疗大数据的安全,建立数据安全管理责任制度,制定标识赋码、科学分类、风险分级、安全审查规则。我国后续出台的关于大数据发展的意见也提出从各角度促进健康医疗大数据发展,开展大数据平台及服务商的可靠性、可控性和安全性评测,以及应用的安全性评测和风险评估,建立安全防护、系统互联共享、公民隐私保护等软件评价和安全审查制度。加强大数据安全监测和预警,建立安全信息通报和应急联动机制,建立健全"互联网+健康医疗"服务安全工作机制,完善风险隐患化解和应对工作措施,加强对涉及国家利益、公共安全、患者隐私、商业秘密等重要信息的保护,加强医学院、科研机构等方面的安全防范。

以此为例,推广到其他产业,大数据应用中同样存在各种各样的挑战,数据共享、数据安全、数据使用、数据政策等方面都存在亟待解决的各类问题,这就需要学者和各个组织层面的管理者正视数据的作用及数据应用的困难。

7.3 大数据决策的流程及方法

7.3.1 大数据决策的流程

1. 数据采集

大数据的采集是指利用多个数据库接收来自客户端(网页、App、传感器等)的数据，用户可以在数据库中进行简单的查询和处理工作。在大数据采集过程中，由于同时访问和操作的用户量非常庞大，所以需要在采集端部署大量的数据库支撑其运行。

2. 数据抽取与集成

完成数据采集后要对数据进行处理，数据处理的第一步是对数据进行抽取和集成，从中提取出数据之间的关系以及一些数据主体，经过关联和聚合等操作，按照统一的格式对数据进行存储。

3. 数据分析

数据分析是大数据决策的核心步骤，将数据进行抽取与集成后，便可以从异构的数据源中获得用于大数据决策的原始数据，之后用户可以根据自己的不同需求对获取的数据进行分析，具体的分析方式包括数据统计、机器学习、数据挖掘、预测等。数据分析得到的信息可以用于支持决策，从而提高决策的效率。

4. 数据解释

数据解释就是对数据处理的结果进行解释说明，数据处理结果只有通过合适的方式进行展示才能被终端用户正确理解，从而发挥数据的最大作用。目前，主要的数据解释技术包括可视化和人机交互。可视化技术是指将数据处理的结果通过图形的方式直观地呈现给用户。常用的可视化技术包括标签云、历史流、空间信息流等，用户可以灵活应用这些可视化技术以满足自身的需求。人机交互技术可以引导用户对数据进行逐步分析，使用户参与数据分析的过程，更加深刻地理解数据分析的结果，从而更高效地将数据分析的结果应用于决策中。

7.3.2 大数据决策的方法

1. 数据挖掘

数据挖掘是在现有数据的基础上运用各种算法进行计算，起到预测的作用，从而实现一些高级别的数据分析。由于数据的庞杂性，数据挖掘追求的不是个体数据的精确性，而是在海量数据中挖掘数据存在的规律。数据挖掘涉及的技术有很多，可以分为以下几类。

按照数据挖掘的对象分类，可分为关系数据库、面向对象数据库、空间数据库、时态数据库、文本数据源、多媒体数据库、异质数据库、遗产数据库及环球网Web等。

按照数据挖掘的任务分类，可分为预测模型发现、数据总结、聚类、关联规则发现、序列模式发现、依赖关系或依赖模型发现、异常和趋势发现等。

按照数据挖掘的方法分类，可分为机器学习方法、统计方法、神经网络方法、数据库方法等。

2. 模型分析

关于数据分析的模型有很多，从组织用户的角度进行分析的模型有助于管理层做出相应的决策。以下模型分析方法主要从用户数据角度介绍。

(1) 行为事件分析法：行为事件分析法是指通过分析事件的行为来获取有效的数据。目前该方法主要用来研究某行为事件的发生对组织价值的影响程度，因此企业可以使用该方法追踪或记录用户的行为过程。例如，购物平台通过监测用户的搜索、浏览等行为分析用户的喜爱、偏好，从而为用户精准推荐商品，提高购买率。

行为事件分析法具有强大的筛选、分组和聚合能力，因其逻辑清晰且使用比较简单，现阶段已得到广泛应用。行为事件分析法的流程包括定义事件、选择事件、分析事件、解释事件、给出结论这5个步骤。以电商公司为例，前期电商公司会采集用户的行为数据，对收集的数据进行分析后，在促销活动中就可以有目的地向不同地区、不同年龄段、不同职业的用户精准投放适合他们的产品广告。在这一过程中，电商公司通过精准的用户行为数据分析，可以获得更高的精准用户转化率。

(2) 漏斗分析模型：漏斗分析模型能够科学地反映用户行为状态，并能将用户从起点到终点各阶段的转化率情况进行详细的汇总与分析。在企业经营决策过程中，销售管理者利用漏斗分析模型分析某一项目是否需要跟进以及赢单的概率。以直播平台为例，用户的行为包括激活App、注册账号、进入直播间、互动、送礼物等，漏斗分析模型对各环节的相关数据进行比较，可以直观地发现问题所在，从而找到优化方向。

(3) 留存分析模型：留存分析模型是一种用来分析用户参与情况的模型，它的主要功能是考察有初始行为的用户中，有多少人会进行后续行为。例如，举办一场活动，向1000人发出邀请，活动开始后，一部分人因为各种原因选择了退出活动，另一部分人则选择继续参加活动，直至活动结束。这时候我们要思考的一个问题是：坚持下来的人一定是我们的目标客户吗？答案显然是否定的，因此就需要一个工具帮助我们识别留存下来的人中哪些才是真正的目标客户，留存分析模型应运而生。

留存分析模型可以帮助回答以下问题：一个新客户在未来的一段时间内是否会产生目标行为？如发生购买行为、参与活动等。

(4) 分布分析模型：分布分析模型可以归类用户在特定指标下的频次、总额等数据，反映单用户对产品的依赖程度，分析客户在不同地区、不同时段所购买的不同类型的产品数量、购买频次等，帮助运营人员了解当前的客户状态，以及客户的转化情况。

科学的分布分析模型支持按时间、次数、事件指标进行用户条件筛选及数据统计。如统计用户在一天/周/月中，有多长时间进行了某项操作，以及进行某项操作的次数等指标。

(5) 用户分群分析模型：用户分群分析模型即对用户信息标签化，根据用户的行为路径、行为特征、偏好等属性，将具有相同属性的用户划分为一个群体，并进行后续分析。

漏斗分析模型可以反映在某活动的不同阶段，用户可能会表现出的不同行为，例如，新用户的关注点在哪里，已购用户什么情况下会进行二次消费。用户分群分析模型则可以根据不同用户的不同特征进行群体划分，观察该群体的具体行为，从而更加准确、及时地对该用户群实施精准决策。

7.4 大数据应用存在的问题与决策优化

7.4.1 大数据应用存在的问题

大数据技术的发展为人们的管理决策带来了诸多便利，但现有的数字技术水平尚不能满足大数据发展的巨大需求，其支持决策的能力也需要进一步提升。大数据的应用过程中主要存在以下问题。

1. 大数据的应用给科学规范带来了一定的挑战

只有更新研究方式和方法，革新发展理念，才能在日新月异的环境中发现传统科学范式所不能发现的新模式、新知识和新逻辑规律。

2. 大数据带来的社会问题给其自身推广和发展造成障碍

大数据为人们带来便利的同时也带来了一些社会问题，这些问题影响了大数据技术的普及和发展。大数据时代，人们常常担心自己的隐私会在无意中被泄露，甚至被不法分子利用。再如，商家通过大数据对人们的喜好、习惯、社交关系网络等进行监测，并进行相关数据分析，将预测结果进行商用，这些预测行为习惯和消费心理的算法会造成信息茧房困住消费者。

3. 大数据在运用过程中面临的技术挑战

大数据技术能够对海量数据进行收集和处理，但随着样本量的增加，降低算法的复杂程度比较困难。关于大数据在运用过程中面临的技术挑战，维克托·迈尔·舍恩伯格曾指出，大数据时代不再对一小部分数据挖掘数据特征，而是需要将思维向全数据转变，但把大数据认定为全数据的想法是存在局限的。例如，谷歌通过搜索记录预测流感暴发的案例被广为接受，但是虽然能通过数据看到许多变化，却不能利用数据分析该变化的影响因素，因此使用大数据是大势所趋，但并不代表应放弃抽样调查。例如，盖洛普公司利用"小数据"的复杂化算法，仅依靠5000人的样本量就分析得出了可以超过"大数据"准确度的简单算法。因此，在没有抽样数据的拟合作为基础的情况下，直接使用大数据将导致对事情本质认知的偏颇。

4. 大数据在运用过程中面临的管理挑战

大数据在被收集、储存后，需要利用对应的数据库进行管理和数据调用，重点解决大数据如何被有效存储、表示、处理、传输并提高其可靠性等关键性技术难题。举例来说，关于大数据的存储，隔离管理是一个不错的方法，建立多个存储箱，可以将门户网站、在线流媒体应用分别设置属于特定的存储箱。关于大数据分析，由于其涉及海量的数据，需要采用专门的技术或工具进行管理和分析，还要考虑数据增长的发展趋势，即大数据的存储、管理、分析、计算等系统应该是可以扩展的，以满足不断增长的数据存储需求等。

5. 大数据挖掘面临的挑战

在做出决策的过程中，数据经历了数据库管理、数据仓库联机分析处理、数据挖掘、形成数据智能分析解决方案的演变。在数据挖掘过程中，大数据复杂冗余程度的度量方法较少，能够确保近似算法精度的分析方法较少，根据分布式知识进行大数据抽样的方法较少。数据挖掘能够较大幅度地提升数据分析的灵活性，例如在线分析处理技术大幅提高了大型数据库对数据进行多维分析的能力，回归立方体、预测立方体等技术也有助于提高处理更多复杂化、多维或高维数据的能力。

7.4.2 大数据应用的改进与决策优化

大数据应用在不断地普及和推广，在这个过程中也存在一些问题，为了更好地帮助企业高效和准确地应用大数据，下面对现有大数据应用过程中存在的不足提出了几点改进措施。

第一，增强员工对大数据的认识程度，提高大数据应用的推广力度。为了应对日新月异的社会环境，在信息高速繁衍和传递的今天，企业内部各层级员工应提高对大数据应用的重视程度，采用具有战略性、发展性的长远眼光看待和解决问题，增强对科学技术的投入和应用。

第二，企业应制定相关规章制度，完善大数据应用的制度体系。大数据的高效应用离不开各部门之间的密切配合和及时沟通，因此需要建立和健全相关会议、合作等制度，只有完善的制度，才能为大数据应用提供多重外部保障，有利于企业内部各层级员工进行信息共享和沟通，以及及时发现问题并合力解决问题。完善的制度不仅能够保证所收集数据的完整性和安全性，还能够帮助相关管理部门更好地降低成本，获得更多经济效益和社会效益。

第三，提高大数据的开放度，促进多维信息的共享，并重视大数据的分析结果。大数据只有在合理范围内进行共享，才能发挥其自身更大的价值。同时，要注意对大众隐私权的保护，要对数据能否进行公开应用进行严格的界定，明确出现问题后哪些人要承担哪些责任，避免出现滥用数据、盗用数据等情况。大数据意味着信息存量变大，来源也变得复杂，会有许多虚假信息混入其中对数据分析结果产生误导，因此企业在应用大数据的过程中要注意真假信息的筛选和辨别。

大数据在企业管理决策或运营过程中起到了不可忽视的作用，能够使管理者的决策更加科学和准确。因此，在日常工作中企业管理者要正确看待和使用大数据，积极、主动地将大数据应用于企业发展过程中，结合大数据的特征及大数据应用过程中曾经出现或未来可能出现的问题，做好战略规划，制定符合企业自身发展的数据管理策略，利用大数据应用的优势为企业和社会经济发展做出贡献。

课后习题

1. 大数据的定义和特征是什么？
2. 大数据对组织和管理会产生哪些影响？
3. 大数据应用过程中有哪些挑战？
4. 大数据应用过程中有哪些优化措施？
5. 结合自身的经历谈一谈大数据应用过程中，管理者应注意哪些问题。

习题答案

案例

案例分析

阿里巴巴：把医疗大数据作为发力点

如果网络医院、远程影像平台、健康管理这些业务的重点是帮助医疗产业链上的公司更好地提供服务，那么智慧医疗无疑是系统化的医疗解决方案。阿里健康对此的规划是从就诊、支付过程的改革，逐渐渗透到健康管理，契合用户诊前、诊中、诊后的需求，惠及全民健康。这方面，既有用户需求的改变，也有政府层面的引导。首先是用户需求，随着人口老龄化趋势加速，慢性病的发病率增加，老百姓对医疗的主动需求、升级需求逐渐增加，我国目前已经进入医疗需求的爆发期，也正是在这样的需求窗口下，医疗监管部门出台了一系列的政策，拟通过互联网医疗、智慧医疗解决这一问题。

阿里健康提出的"智慧医疗"规划，无疑契合了这一需求变化。那么阿里健康是如何做的呢？首先，通过与支付宝的合作，连接医院，把就诊流程中的部分操作搬到线上(如挂号、支付等)；其次，通过与医院的信息化改造，让智慧医疗成为一种常态。同时，开展"智能关爱计划""药店先锋联盟""一分钟诊所"等项目，加速了这一进程。智慧医疗有几个具体的应用场景，首先是就诊流程的优化，在线上完成就诊流程中的部分操作，缩短用户在医院的停留时间，提高医疗效率，解决大医院的拥堵问题，让有限的资源能够服务更多的人群。其次是医学人工智能，阿里健康将沉淀的医疗大数据，以及智慧医疗在医疗行为过程中搜集的数据，应用到医疗人工智能的开发上。

阿里健康初期推出的人工智能产品为"健康小蜜"——医药健康智能问答引擎，它的初步工作场景是帮助用户进行诊断前的信息搜集，使用户更方便地找到需要的医生。这个类似于智能问答机器人的引擎，可以回答普通用户的一般性医药健康问题，然后根据用户的需求将用户自动匹配给相应的医生或者药师。同时，针对用户的问题，引擎会自动给出若干个备选回答供医药专业人员参考,他们可以直接选择、稍做修改或者给出新的回答,反馈给用户,而且这些改动和新添的回答会反馈给引擎,自动地优化引擎的覆盖范围。引擎是基于多个医药健康的知识库,利用人工智能(包括深度学习)的技术形成的,智能引擎能够充分地整合、利用和沉淀平台上医生、药师、营养师的集体经验和智慧,既可以避免用户长时间等待,还可以改善体验,提高阿里健康在线医生的整体服务质量和效率。

2017年3月,阿里巴巴宣布建立"ET医疗大脑系统"。在此战略方向上,阿里健康依托病例库和知识库进行深度学习,开发了人工智能系列产品Doctor You,在患者导诊、医学影像诊断、临床决策支持、健康管理等领域承担专业医生助手的角色,将大幅提升医生的工作效率和质量。系列产品包括医师能力培训平台、临床医学科研辅助平台,以及和IDST团队共同开发的医疗影像引擎等。例如基于医生能力培训平台,系统可以模拟出一个患者就诊的情景,接受培训系统测试的医生需要询问病情、检查身体、辅助检查,最终做出诊断,进行诊疗。同时,系统将根据患者不同的就诊阶段与状况,引导医生做出相应的诊疗措施。而虚拟患者会采取医生的诊疗措施,给出相应的身体状态变化、结果报告、执行后状态等,从而让医生在模拟场景中有序、有针对性地完成培训。

从就诊流程的优化到人工智能辅助医疗,阿里健康描绘了"智慧医疗"的应用场景。年报数据也显示,阿里健康对此投入不菲。2017财年,其产品开发支出达到了1.09亿元,比2016年同期增加了3243万元,增幅为42.6%。阿里健康聘请了更多信息技术工程师,以拓展医疗健康服务网络,打造健康管理平台和医疗智能分析引擎。

阿里健康主推的智慧医疗是在医疗大数据基础上发展起来的,对医疗系统进一步优化,同时关注患者的体验,帮助患者节约就诊时间。代表了智慧医疗最高目标的ET大脑,将为智慧医疗描绘更美好的蓝图。

(案例来源:动脉网蛋壳研究院. 大数据+医疗科学时代的思维和决策[M]. 北京:机械工业出版社,2019.)

思考题

1. 从企业战略发展的角度来看,阿里巴巴为何要涉足医疗领域?
2. 阿里健康如何通过大数据、人工智能实现有效决策?
3. 结合阿里健康目前的发展情况,分析当时影响决策的因素。

第 3 篇
科学决策的方法

第8章 决策方法

本章学习目标
- 了解决策理论的由来。
- 厘清决策方法体系。

决策方法是决策过程中所采用的方法和技术,也是决策科学体系中较为实用的部分。

8.1 决策方法的起源

如第1篇所述,决策理论是把第二次世界大战以后发展起来的系统理论、运筹学、计算机科学等综合运用于管理决策问题,形成的一门有关决策过程、准则、类型及方法的较完整的理论体系,是有关决策概念、原理、学说等的总称。

早期的决策理论中的决策方法来源于16—17世纪法国宫廷的赌博顾问,他们通过研究概率论、对策论,制定了决策方法。20世纪40年代,美国政治学者J. A. 罗宾逊首先提出一般决策方法,主张广泛搜集历史资料并结合现实情况进行决策。之后,美国兰德公司开始在决策中采用德尔菲法,决策者请专家组对行政问题提出意见,对决策进行评估,通过方案比较选出较优决策。50年代前后,美国组织行为与管理学家赫伯特·西蒙采用运筹学和计算机技术解决决策问题,统计决策理论得到迅速的发展,在此基础上建立了决策分析理论体系。60年代,统计决策理论进一步发展,通过研究如何收集新方法来改进决策,由此形成了贝叶斯统计理论和方法,同时哈佛大学商学院的研究人员将这种理论应用于实际商业问题,形成了应用统计理论。60—70年代,模拟模型法进入行政领域后,为决策的制定和验证提供了新的方法。70年代,英国经济学家凯恩斯开创新经济学说后,宏观决策方法被广泛应用于行政决策的制定,为行政决策方法的形成奠定了基础。

此后,决策分析方法及其研究成果得到越来越广泛的应用,并逐步形成自己的理论体系,决策分析也逐渐成为决策科学研究的代名词。决策分析的理论基础和研究方法已经不再局限于单纯的统计领域,还囊括了规划、优化和行为科学等领域。在应用方面,决策分析也在许多非概率支配的领域得到了极大的发展。从20世纪70年代开始,决策分析已经成了工业、商业、政府部门制定决策所使用的重要方法，一些规范性的决策方法，如成本效益分析、资源分配方法、计划评审技术、关键路径法等得到普及，多目标决策问题的研究也逐步深入，方法层出不穷。

8.2 决策方法体系

决策方法是指组织或个人在制定决策时，所采取的一系列有逻辑的系统性策略与方法，旨在确保决策过程的有效性，从而帮助决策者更好地权衡各种因素，选择最合适的决策方案。根据决策方法的性质，可以把决策方法分为定性决策法和定量决策法。第2章有关群体决策的部分内容涉及定性决策法。

8.2.1 定性决策法

定性决策法又称决策软方法，是一种决策者本人或有关专家根据经验进行决策的方法，即决策者根据所掌握的信息，通过对事务、问题规律的分析，在把握其内在本质联系的基础上进行决策的方法。这种方法适用于受社会经济因素影响较大、因素错综复杂，以及涉及社会心理因素较多的综合性的战略问题，是企业决策采用的主要方法。

定性决策法属于定性研究的范畴，是根据社会现象或事物所具有的属性和在运动中的矛盾变化，从事物的内在规律角度研究事物的一种方法或角度。它以普遍承认的公理、演绎逻辑和大量的历史事实为分析基础，从事物的矛盾性出发，描述、阐释所研究的事物。进行定性研究，要依据一定的理论与经验，直接抓住事物特征的主要方面，暂时忽略同质性在数量上的差异。

定性决策法主要包括头脑风暴法、德尔菲法、哥顿法、电子会议法等，其中以头脑风暴法和德尔菲法最为常用。

1. 头脑风暴法

头脑风暴法的创始人是美国心理学家奥斯本。头脑风暴法是比较常用的集体决策方法，便于参与者发表创造性建议，因此主要用于收集新设想。通常是将对解决某一问题有兴趣的人集合在一起，使其在完全不受约束的条件下敞开思路，畅所欲言。

头脑风暴法要求遵循以下几项原则。

(1) 对别人的建议不做任何评价，将相互讨论限制在最低限度内。

(2) 建议越多越好，在这个阶段，参与者不需要考虑所提建议的质量，想到什么就应该说出来。

(3) 鼓励每个人独立思考，广开思路，想法越新颖、越奇异则越好。

(4) 可以补充和完善已有的建议，使它更具说服力。

头脑风暴法的目的在于创造一种畅所欲言、自由思考的氛围，诱发创造性思维的共振和连锁反应，产生更多的创造性思维。这种方法的时间安排应为20~60分钟，参加者以10~15人为宜。

2. 德尔菲法

德尔菲法是20世纪40年代由美国学者赫尔姆和达尔克首创，经过戈尔登和兰德公司进一步发展而成的。德尔菲法又称专家意见法，即依据系统的程序，采用匿名发表意见的方式，团队成员之间不得互相讨论，不发生横向联系，只能与调查人员联系，反复地填写问卷来集结问卷填写人的共识及收集各方意见，是一种应对复杂任务和难题的管理技术。

德尔菲法的具体实施步骤如下。

(1) 组成专家小组。按照决策问题所需要的知识范围确定专家。专家人数的多少可根据课题的大小或涉及面的宽窄而定，一般不超过20人。

(2) 向所有专家提出问题及有关要求，并附上有关这个问题的所有背景材料，然后由专家做书面答复。

(3) 各个专家根据他们所收到的材料提出自己的意见，并说明自己是怎样利用这些材料得出意见的。

(4) 汇总各位专家第一轮的意见，列成图表，进行对比，将对比结果分发给各位专家，让专家参考他人的不同意见，进而修改自己的意见。也可以把各位专家的意见加以整理，或请级别更高的专家加以评论，把这些意见再分送给各位专家，以便他们参考后修改自己的意见。

(5) 将所有专家的修改意见收集起来，汇总对比，再次将对比结果分发给各位专家，以便做第二轮修改。逐轮收集意见并向专家反馈信息是德尔菲法的主要环节。收集意见和信息反馈一般要经过三四轮。在向专家反馈信息的时候，只给出各种意见，但并不说明发表各种意见的专家姓名。这一过程重复进行，直到每个专家都不再改变自己的意见为止。

(6) 对专家的意见进行综合处理。

利用德尔菲法进行决策时需要注意两点：第一，并不是所有被决策的事件都要经过三至四轮，可能有的事件在第二轮就达到统一，而不必在第三轮中出现；第二，有可能在第四轮结束后，专家的意见也不能统一，此时可以用中位数和上下四分点来做结论。事实上，专家不可能对所有事件都达成一致意见，这是可以接受的。

3. 哥顿法

哥顿法又称提喻法，是美国人哥顿于1961年发明的一种创新思维的方法，即通过会议形式，在主持人的引导下，让与会者进行讨论。

哥顿法与头脑风暴法相类似，先由会议主持人把决策问题向会议成员做笼统的介绍，然后由会议成员(专家成员)海阔天空地讨论解决方案；在适当时机，决策者将决策的具体问题展示给会议成员，使会议成员的讨论进一步深化，最后由决策者根据讨论结果进行决策。其中的一个基本观点就是"变熟悉为陌生"，即抛开对事物原有的认识，在"零起点"上对事物进行重新认识,从而得出相应的结论。这样做的目的是避免思维定式的约束,帮助大家跳出既定框架去思考,充分发挥群体智慧,以得出创新的方案。

4. 电子会议法

电子会议法是将名义群体法与计算机技术结合的一种群体定性决策法。它要求数量较多的人(可多达50人)围坐在一张马蹄形的桌子旁,这张桌子上除了一系列的计算机终端,别无他物。主办者将问题展示给决策参与者,决策参与者把自己的回答输入计算机,个人评论和票数统计都投影在会议室内的屏幕上。

电子会议法的主要优点是匿名、快速,能够反映大家的真实想法,而且能够超越空间的限制,可使人们充分地表达他们的想法而不会受到惩罚,消除了闲聊和讨论过程中偏题的倾向。决策参与者能不透露姓名地表达任何信息。

8.2.2 定量决策法

定量决策法应用数学模型和公式来解决一些决策问题,即运用数学工具、建立反映各种因素及其关系的数学模型,并通过对这种数学模型的计算和求解,选出最佳的决策方案,常用于数量化决策。对决策问题进行定量分析,可以提高常规决策的时效性和决策的准确性。运用定量决策法进行决策也是决策方法科学化的重要标志。

定量决策法又称硬方法,决策的"硬"技术是指建立在数学模型的基础上,运用计算机辅助决策。其中应用比较广泛、比较成熟的技术是以运筹学、数理统计、管理科学为主要内容的计算机决策支持系统,其大大提高了决策的准确性和实时性。定量决策法可以提高决策的准确性、最优性、可靠性,还可以把决策者从常规决策中解脱出来,使其把注意力集中在具有关键性、全局性的重大战略决策方面,进而帮助领导者提高重大战略决策的正确性和可靠性。定量决策法也有其局限性,由于"硬"技术的数学模型往往要求明确的条件,而社会经济活动和管理活动却是不断变化的,存在决策者难以控制的和不确定的因素,使"硬"技术在运用上具有局限性。

根据决策问题各种相关因素的可控程度,常见的定量决策法可以分为确定型决策法、风险型决策法、不确定型决策法。

1. 确定型决策法

确定型决策法适用于决策问题的相关因素是确定的,从而建立的决策模型中的各种参数是确定的。采用确定型决策法进行决策,要求决策者掌握准确、可靠、可衡量的信息,能够确切地知道决策的目标以及每个程序化决策备选方案的结果,常常可以很容易地迅速对各个方案进行合理的判断。确定型决策法包括线性规划、非线性规划、动态规划、盈亏平衡分析等。

例如,某企业可以生产A、B两种产品。生产单位A产品和B产品所需要的机器、人工、原材料的数量,每天可用的资源总量和各种资源的价格,都在表8-1中给出。已知A产品的单位售价600元，B产品的单位售价400元，市场需求旺盛。问如何安排生产能使企业的利润最大？解决此类问题通常采用确定型决策法。

表 8-1　某企业产品生产情况

项目	每单位A产品所需	每单位B产品所需	每天可用资源总量	资源单价
机器	6小时	8小时	1200小时	5元/小时
人工	10小时	5小时	1000小时	20元/小时
原材料	11千克	8千克	1300千克	1元/千克

2. 风险型决策法

如果决策问题涉及的因素中有些是随机的，这些因素虽然不是确定型的，但我们知道它们的概率分布，解决这类决策问题所采用的方法通常被称为风险型决策法。决策者虽然不能准确地预测每一种备选方案的结果，但却因拥有较充分的信息，而能预知各备选方案及其结果发生的可能性。此时的决策问题就是如何对备选方案发生的概率做出合理估计，选出最佳方案。但是无论选择哪一个方案，风险都是不可避免的。

风险型决策法有很多，最常用的是决策树法。决策树法是把每一个决策方案各种状态的相互关系用图形表示出来，并注明对应的概率及报酬值，从而选择最优的决策方案，根据这种方法的基本要素可以描画出一个树状的图形，这一树状图形被称为决策树。

例如，某企业打算生产某产品。根据市场预测分析，产品销量有三种可能性：销量好、一般和差，各种情况出现的概率分别为0.3、0.45、0.25。生产该产品有三种方案：改进生产线、新建生产线、外包生产。各种方案的收益值在表8-2中给出，问企业为获得最佳收益应选择何种生产方案？解决此类问题通常采用风险型决策法。

表 8-2　三种生产方案的收益值　　　　　　　　　　　　　　　　单位：万元

生产方案	销量好	销量一般	销量差
改进生产线	180	120	-40
新建生产线	240	100	-80
外包生产	100	70	16

3. 不确定型决策法

如果决策问题涉及的因素有些是未知的，其中一些随机因素的概率分布也不清楚，解决这类决策问题所采用的方法通常被称为不确定型决策法，此时面对不可预测的外部因素或缺少所需信息时，对备选方案或其可能结果无法准确估计。大多数企业面临的决策问题都是这种类型，这种不确定因素主要来自两方面：一是决策者无法获得关键信息，二是无法对行动方案或其结果做出科学的判断。

采用不确定型决策法进行决策，一般要依靠决策者的个人经验、分析能力、判断能力和创造能力。常用的不确定型决策法有准则法(悲观准则法、乐观准则法、等概率准则法、后悔值准则法等)、灰熵理论、系统交易方法等。

与风险型决策法举例的问题相同,但产品市场销量预测无法确定,此时这个问题就应采用不确定型决策法进行解答。例如,某企业打算生产某产品,根据市场预测分析,产品销路有销量好、一般和差3种可能性。生产该产品有3种方案:改进生产线、新建生产线、外包生产。各种方案的收益值在表8-3中给出,企业为获得最佳收益应选择何种生产方案?

表 8-3 企业产品各种生产方案在不同市场情况下的收益值　　　　　　　单位:万元

生产方案	销量好	销量一般	销量差
改进生产线	180	120	-40
新建生产线	240	100	-80
外包生产	100	70	16

通常来说,任何问题都可以采用定性分析和定量分析这两种方法来评价、判断和研究,它们之间既有区别也有联系。定性分析与定量分析应该是统一的、相互补充的。定性分析是定量分析的基本前提,没有定性分析的定量分析是一种盲目的、毫无价值的定量;定量分析使定性分析更加科学、准确,它可以促使定性分析得出广泛而深入的结论。相比而言,定量分析法更加科学,但需要较高深的数学知识;而定性分析法虽然较为粗糙,但在数据资料不够充分或分析者数学基础较为薄弱时有较大适用空间。

8.3　决策方法的应用

不同的决策类型所采用的方法不同。决策方法除了面向基本的确定型决策问题、风险型决策问题和不确定型决策问题的研究,其理论研究和应用领域都逐渐宽广。如8.1节所述,决策方法的研究扩展到了战略规划、算法优化、行为科学、复杂系统科学、电子工程科学、人工智能、机器学习等领域,应用的行业领域、商业场景、业务范围也愈加广泛,为工业、商业、政府部门制定决策提供了助益。

本书论述了一些规范性的定量和定性决策方法,可解决决策应用领域的大量问题。例如,本量利分析、决策树法、准则法都是较为基础的决策方法,计划评审技术、关键路径法多用于解决事件、项目、业务管理的进度计划类决策问题,指派方法多用于解决分配、分派、分工等事务决策问题,层次分析法、神经网络预测技术、社会网络分析均为解决综合性决策问题的社会学与管理学分析方法。

> 课后习题

1. 简述定量决策法和定性决策法。
2. 请用实例说明不同决策方法的异同。

习题答案

案例

规划建模解决计划冲突：三原公司季度生产决策模拟

2021年的6月，徐州三原称重技术有限公司(以下简称三原公司)王总经理收到两份来自不同部门的第二季度业绩报告。

一份是销售部雷部长起草的季度销售报告。公司第二季度销售态势整体平稳，公司继续在国内称重产品行业保持领先地位。但是，公司两款明星产品——ZLC-Ⅰ和ZLC-Ⅱ型高精度皮带秤均未能达到第二季度初制定的每月合同交付要求，屡次出现合同违约。

另一份是制造部侯部长起草的第二季度生产报告。公司产能整体是持平甚至略大于市场销售需求的，然而，公司的ZLC-Ⅰ和ZLC-Ⅱ型高精度皮带秤的生产能力竟然有所剩余！王总感到不可思议，问道："怎么会出现需求和供给两方面的同时失控呢？"

王总认识到问题的严重性，认为可能是决策层面出现了冲突，需要会同销售部和制造部专门解决这个问题。

1. 公司现状及高精度皮带秤生产简介

三原公司始建于1993年，是专业从事散装物料的动态检测设备的研制、开发、销售、服务的高新技术企业。公司的主要生产高精度电子皮带秤、直连秤、防爆秤等产品，服务于冶金、电力、化工等多个行业，广受用户好评。公司坚持"以客户为中心"，追求各方效益最大化，已经建立了完善的研发、营销和服务体系。

高精度多机式电子皮带秤(简称高精度皮带秤)是一种中型非标集成设备，包含称重单元、信号接线盒、测速传感器等组件。三原公司生产的高精度秤广泛应用于港口码头，提供可靠数据以满足精准工艺要求，并作为贸易结算的参考。

高精度皮带秤的生产和销售具有以下特点：生产系统方面，三原公司一直采取产品"工位"固定而加工或装配环节按照流程更替的生产工艺系统；生产类型方面，三原公司的称重高精度皮带秤采取了ATO(即按单装配)的生产方式；合同管理方面，三原公司对类似高精度皮带秤这种大中型产品采取了"季度合同整合管理"的方式；库存管理方面，公司在ATO的大前提下，允许在综合考虑制造成本和短存成本的基础上，出现合理的短期库存；外部能力方面，三原公司所在地江苏徐州是工程机械等相关产业的集中地区，也是机械技术人才的聚集地，有助于公司便捷地掌握同类外部产能。

2. 王总召集的三次会议

1) 第一次会议：争论不休——究竟是谁的责任

王总首先把电话打给了销售部雷部长，通过交谈，王总发现销售部争取到的二季度销售机会，制造部并没有很好地配合生产。于是，王总的第二个电话直接打给了制造部侯部长，沟通后发现，对于销售部要求的当月生产、当月提交合同兑现的交货方式，制造部感到压力很大。

挂掉电话后,王总决定会同雷部长与侯部长召开第二次会议。

2) 第二次会议:统一认识——问题的症结

(1) 目标的认识。制造部侯部长要求销售部修改销售策略,接受库存的前期产品。而销售部雷部长要求ZLC-Ⅰ和ZLC-Ⅱ的产品质量性能要一如以往,并且外部能力生产的代工产品(非核心技术)可以由三原公司贴牌销售。

经过一番讨论后,雷部长提出:"咱们的工作重点应该是每个季度的综合成本最小化。"侯部长也认为:"季度内不同月份的制造成本存在波动,如果提前使用了成本较低月份的制造能力,说不定会弥补短期存储成本。"

最终,基于综合成本最小化的目标,双方达成了一致。

(2) 决策点的认识。制造部可以灵活使用先期内部能力和外部能力,比如接下来的第三季度的生产计划中,在七月份,为当月、八月和九月生产两种不同的ZLC-Ⅰ和ZLC-Ⅱ产品;在八月份,制定当月和九月的8个决策产量;在九月份,当月内、外能力只负责生产ZLC-Ⅰ和ZLC-Ⅱ的4个决策产量。

(3) 约束的认识。制造部门需要分别核算三个月的内部和外部的产能,只要不超过6个产能上限即可,然后按部就班进行生产,销售部就可以放心地去成品库提对应型号的高精度皮带秤了。

王总进一步提出:"如果规划工作能把一个季度的24个产量决策值规划出来,销售部的工作应该能追踪到任何一台高精度皮带秤的生产源头。"

针对王总进一步的想法,召开了第三次会议。

3) 第三次会议:建立模型——具体问题的抽象提炼

公司三位高管与信息部的薛工程师成立"规划建模小组",四人立即开始了建模工作。

(1) 收集基本数据。雷部长调取了第三季度的销售合同汇总数据,合同具体要求是第三季度的三个月中,每月交付高精度秤8台。侯部长也给出了高精度皮带秤在第三季度的成本数据,包括了内外产能和详尽的制造成本。王总补充道:"暂定当前每台高精度皮带秤的每月库存保管费用是1千元。"

(2) 规划目标。薛工认为,可以把三原公司目前能够调动的产能(即机位)看成输入系统的一种原始资源,通过三原公司的制造系统运作后,输出为不同月份交付的产成品。在完成所谓的"输入→输出"过程后,制造系统会生产一个综合成本。

(3) 确定决策变量。24个相互独立的生产"产量决策点"作为"决策变量",每个月初的内部和外部的产能在"行方向"上"输入",经过三原公司的制造系统的生产运作后,每个月末形成了"列方向"上的"输出"。雷部长在需要做出产量规划的单元格内标注了"*"符号(见图8-1),之后,薛工将雷部长标注的"*"符号修改成了带有行列下标的变量符号(见图8-2)。

行			列	输出：成品					
				1	2	3	4	5	6
				七月份		八月份		九月份	
				ZLC-I	ZLC-II	ZLC-I	ZLC-II	ZLC-I	ZLC-II
输入：产能	七月份	内	1	*	*	*	*	*	*
		外	2	*	*	*	*	*	*
	八月份	内	3	—	—	*	*	*	*
		外	4	—	—	*	*	*	*
	九月份	内	5	—	—	—	—	*	*
		外	6	—	—	—	—	*	*

图8-1　第三季度三原公司高精度皮带秤生产变量的结构示意

行			列	输出：成品					
				1	2	3	4	5	6
				七月份		八月份		九月份	
				ZLC-I	ZLC-II	ZLC-I	ZLC-II	ZLC-I	ZLC-II
输入：产能	七月份	内	1	x_{11}	x_{12}	x_{13}	x_{14}	x_{15}	x_{16}
		外	2	x_{21}	x_{22}	x_{23}	x_{24}	x_{25}	x_{26}
	八月份	内	3	—	—	x_{33}	x_{34}	x_{35}	x_{36}
		外	4	—	—	x_{43}	x_{44}	x_{45}	x_{46}
	九月份	内	5	—	—	—	—	x_{55}	x_{56}
		外	6	—	—	—	—	x_{65}	x_{66}

图8-2　第三季度三原公司高精度皮带秤生产决策变量

(4) 约束条件。众多约束条件就是雷部长需要兑现的每一个合同额度，以及侯部长确定的每个月的各种产能限制。在变量结构的启发下，雷部长稍加计算，填制了一张与变量一一对应的成本细目表(见图8-3)。

行			列	1	2	3	4	5	6
				七月份		八月份		九月份	
				ZLC-I	ZLC-II	ZLC-I	ZLC-II	ZLC-I	ZLC-II
	七月份	内	1	15	16	16	17	17	18
		外	2	18	20	19	21	20	22
	八月份	内	3	—	—	17	15	18	16
		外	4	—	—	20	18	21	19
	九月份	内	5	—	—	—	—	19	17
		外	6	—	—	—	—	18	18

图8-3　第三季度三原公司高精度皮带秤生产成本细目(单位：千元)

最后，薛工在白板上勾勒出了一个规划模型的数学表达形式，形成了高精度皮带秤生产计划季度规划模型，具体如下。

$$\max Z(x) = 15x_{11} + 16x_{12} + \cdots + 18x_{66}$$

$$\begin{cases} x_{11} + x_{12} + x_{13} + x_{14} + x_{15} + x_{16} \leqslant 10 \\ x_{21} + x_{22} + x_{23} + x_{24} + x_{25} + x_{26} \leqslant 3 \\ x_{33} + x_{34} + x_{35} + x_{36} \leqslant 8 \\ x_{43} + x_{44} + x_{45} + x_{46} \leqslant 2 \\ x_{55} + x_{56} \leqslant 10 \\ x_{65} + x_{66} \leqslant 3 \\ x_{11} + x_{21} = 5 \\ x_{12} + x_{22} = 3 \\ x_{13} + x_{23} + x_{33} + x_{43} = 3 \\ x_{14} + x_{24} + x_{34} + x_{44} = 5 \\ x_{15} + x_{25} + x_{35} + x_{45} + x_{55} + x_{65} = 4 \\ x_{16} + x_{26} + x_{36} + x_{46} + x_{56} + x_{66} = 4 \\ x_{ij} \geqslant 0,\text{且为整数} \end{cases}$$

3. 决策建模小组的成果发布

一周过去后，三原公司安排了第三季度的高精度皮带秤生产计划。三原公司生产计划模型可以实现高精度皮带秤的制造成本和存储成本的综合最小值，在新的季度计划的指导下，充分利用现有的内部产能和外部产能，同时严格按月履行销售合同计划。

公司的新生产计划是在一个规划模型的框架下，利用Excel平台的solver加载宏实现。

4. 三原公司生产计划结果的应用

参会人员都拿到了一份规划模型的书面简要说明，以及对规划软件计算结果的解读使用指南。雷部长和侯部长也分别向相关业务人员解释了制造部和销售部如何按照规划结果开展相应业务的方法和要求。

最后王总提出了几个问题：如何将高精度皮带秤的生产计划模型推广到其他产品系列？能否将交付期限细化到每周末甚至某一天？是否需要考虑资金占用成本？如何更准确地对接短期存储成本数据？雷部长、侯部长和薛工综合认为，在准确认识问题、规划目标、确定决策变量，并详尽梳理约束条件的基础上，就能很好地解决这些问题。

思考题

1. 三原公司销售部门和制造部门之间的决策冲突是如何产生的？
2. 本案例中，决策冲突的根源在哪里？采取哪些办法可以解决这个冲突？
3. 结合本案例，思考决策方法对于管理工作的重要性和意义。

第9章 基本决策方法的应用

本章学习目标

- 理解一般定量决策法的基本理论。
- 能够采用盈亏平衡分析法进行成本效益分析。
- 掌握决策树法在决策问题中的应用。
- 掌握准则法在决策问题中的应用。

9.1 盈亏平衡分析法

9.1.1 盈亏平衡分析的定义

盈亏平衡分析又称本量利分析、损益分析,通过研究产品的业务量(如产量或销量)、成本、利润之间的相互制约关系,来预测利润、控制成本并判断经营状况,进而为企业做出正确的销售决策、产品开发决策等提供理论支撑。盈亏平衡是指企业在进行销售活动时,其取得的销售收入正好等于该销售活动产生的成本费用,此时企业不盈不亏。从会计角度看,盈亏平衡即企业利润为零的状态。

盈亏平衡点可以用销售量或销售额来表示,通常这个值越低,说明项目盈利的可能性越大,亏损的可能性越小,因此项目具有较大的抗经营风险能力。盈亏平衡分析法可以用于评价和选择决策方案,如成本和利润决策、产品产量和产品组合决策、定价决策、新产品开发决策,以及评定企业经营安全率与设备利用率等。

9.1.2 盈亏平衡分析的基本假定

1. 相关范围假定

在某一时点或时间阶段,无论企业如何改变产品的生产量和销售量,该产品在市场上的价格保持固定,而且企业的生产量刚好能够填补市场的需求量,企业不用为此增加固定成本，产量在企业可承受的生产能力范围内。

2. 线性模型假定

第一，固定成本不变假定；
第二，变动成本与销售量线性假定；
第三，销售收入与销售量完全线性假定。

3. 产销平衡假定

此假定是一切盈亏平衡分析的前提，即企业生产多少就能销售多少。在分析中，不考虑企业存货积压的情况，因为盈亏平衡分析是理性和科学的。

4. 企业的产品品种结构稳定假定

盈亏平衡分析适用于企业产品品种结构相对稳定的状态，例如当企业只生产一种产品的时候，企业的产品品种结构肯定是稳定的，但是企业为了满足市场多样化的需求，会生产各种各样的产品，这种情况下，企业这段时间多生产A产品，过段时间多生产B产品等，产品品种结构不稳定。由于各产品的销售价格和生产成本不相同，此时盈亏平衡分析就不能很好地反映销售情况。

5. 变动成本可测算假定

产品成本的计算是以变动成本为基础的，固定成本则作为期间费用计算。盈亏平衡分析主要依赖产品成本性态分析，即利用一定的分解方法将产品成本分为固定成本和变动成本，这也是使用盈亏平衡分析的基本条件。如果不能把产品成本划分成固定成本和变动成本，就不能满足公式的基本要求，就无法利用盈亏平衡法进行分析。

以上假定是采用盈亏平衡分析法的基本条件，了解这些条件有助于更好地进行盈亏平衡分析。同时，这也提醒人们理论和实际之间有差别，在实际运用时要注意是否满足这些条件。企业进行盈亏平衡分析时，要动态地把握经营条件、市场竞争、生产要素、产品结构等因素的实际变化情况，结合使用风险性分析等技术，并考虑完全成本法，克服盈亏平衡分析的局限。

在其他条件不变的情况下，销量上升利润会增加，但是到底有多少利润是由于销售上升而增加的，盈亏平衡分析可以为此找到答案，这也是完全成本法无法解答的。

9.1.3 盈亏平衡点与盈亏额分析

1. 单一产品品种结构的盈亏平衡点分析

盈亏平衡点即企业销售成本等于销售收入时，企业净利润正好为零时的销售量或销售额。会计分析角度下，

$$收入-成本=利润$$

在成本性态分析下，可以将成本分解为固定成本和变动成本。将利润设为 P，销售量

为 V，单位销售价格为SP，固定成本总额为FC，单位变动成本为VC，则可把上式表示为

$$P = SP \times V - (FC + V \times VC)$$

上述公式也被称为本量利公式，包含销售量、成本、利润三个变量。

1) 本量利公式法

当企业处于盈亏平衡点(保本点)时，利润 P 为0，设此时企业的销售量为BE，即

$$SP \times BE - (FC + BE \times VC) = 0$$

得到销售量BE的公式如下：

$$BE = \frac{FC}{SP-VC} = \frac{\text{固定成本}}{\text{单位销售价格-单位变动成本}}$$

计算出保本销量后，保本销售额计算公式如下：

$$\text{保本销售额} = BE \times SP$$

2) 贡献毛利法

贡献毛利是指销售收入超过变动成本的部分金额，贡献毛利可以分为单位贡献毛利和贡献毛利总额两种类型。

$$\text{单位贡献毛利} = \text{单位产品销售价格} - \text{单位变动成本}$$

即

$$CM = SP - VC$$

单位贡献毛利用CM表示，可以反映单个产品的盈利能力。一般情况下，科技含量高的产品的单位贡献毛利比较高，而科技含量低的产品的单位贡献毛利比较低，这也是国家实行科技强国战略的一个原因。

$$\text{贡献毛利总额} = \text{销售收入总额} - \text{变动成本总额}$$

即

$$TCM = SP \times V - V \times VC = (SP - VC) \times V$$

贡献毛利总额用TCM表示，它并不是企业最终的利润，只是在补偿企业的固定成本后，才能形成企业真正的利润。

因此，利润的公式可以表示为

$$P = TCM - FC$$

贡献毛利率为单位贡献毛利与单位销售价格的百分比，用CMR表示，公式为

$$CMR = \frac{CM}{SP} \times 100\%$$

产品的贡献毛利率反映了产品的盈利能力。由于企业拥有不同的产品，并且不同产品的贡献毛利率也各不相同，贡献毛利率高的产品在市场上会有更强的竞争力。

3) 盈亏平衡图示法

盈亏平衡点不仅可以通过公式计算得出，还可以通过图示法求解。

$$销售收入 = SP \times V$$

$$总成本 = FC + VC \times V$$

即销售收入和总成本都是销售量的线性函数。在直角坐标系中，把销售量作为横轴，把总成本和销售收入作为纵轴，当总成本线和销售收入线相交时，则表示企业正处于盈亏平衡点(见图9-1)。

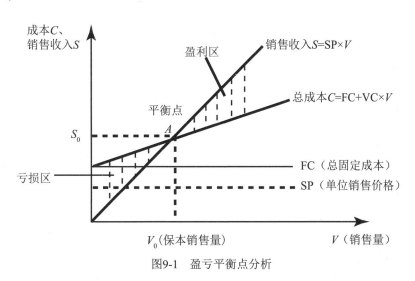

图9-1　盈亏平衡点分析

4) 安全边际

安全边际是指企业的实际销售量超过保本销售量的部分或实际销售额超出保本销售额的差额，这个差额反映实际或预计销售量(额)对企业经营安全的保证程度。

2. 多产品品种结构的盈亏平衡点分析

(1) 分算法。分算法是把公司的固定成本按照一定的方法分摊到各种产品上，再通过盈亏平衡分析计算每一种产品的保本销量、保本销售额，进行定量分析。如果企业的产品种类太多，可以先将产品分成大类计算固定成本，再计算大类的保本销量和保本销售额。

(2) 加权平均法。企业有不同的产品，而且产品有着不同的贡献毛利率，因此要计算出平均贡献毛利率。又考虑到销售收入是衡量企业盈利的一个重要指标，因此用每种产品的收入占比作为计算平均毛利率时每种产品的权重。

(3) 历史数据平均法。生产、销售多种产品的企业一般利用管理信息系统汇集产品的总销售收入、总成本、变动成本等信息，因此可以通过测算过去的平均数据来预测计划期的保本销售额。

3. 盈亏额分析(保利分析)

企业应该知道销售量或销售额为多少时，才能够实现盈亏平衡，并了解销售量、产品销售价格、产品成本为多少时，才能实现既定的利润目标。现把既定的利润目标设为TP，代入公式得到：

$$TP = SP \times V - (FC + VC \times V)$$

$$\text{实现目标利润的销售量} = \frac{FP+FC}{SP-VC} = \frac{\text{目标利润}+\text{固定成本}}{\text{单位贡献毛利}}$$

$$\text{实现目标利润的销售额} = \frac{\text{目标利润}+\text{固定成本}}{\text{单位贡献率}}$$

9.1.4 因素变动对盈亏平衡点的影响

由有关盈亏平衡的计算公式可以知道,产品成本、产品销量、单位变动成本、固定成本等因素的变动都会对盈亏平衡点产生影响。在现实市场活动中,企业的产品销量和价格等都会随着市场竞争发生变化,这些因素的变化会影响企业的利润,如果企业能够提前掌握因素变化对企业利润的影响就可以重点关注一些因素,积极采取措施,帮助企业应对市场变化。

1. 单位销售价格的变化对盈亏平衡点的影响

产品的单位销售价格的变动会对盈亏平衡点产生影响。根据公式

$$BE = \frac{FC}{SP-VC} = \frac{\text{固定成本}}{\text{单位销售价格}-\text{单位变动成本}}$$

得知,在其他条件保持不变的情况下,产品的销售价格上升,保本量会下降,即盈亏平衡点会向下移动,此时企业的经营风险降低,营业利润可能会升高。相反地,如果由于市场竞争激烈、政策变动、环境动荡等原因,企业产品的销售价格下降,保本量会相应提升,企业的经营风险也会增加。

2. 单位变动成本的变化对盈亏平衡点的影响

产品的单位变动成本的变动会对盈亏平衡点产生影响。根据公式

$$BE = \frac{FC}{SP-VC} = \frac{\text{固定成本}}{\text{单位销售价格}-\text{单位变动成本}}$$

得知,在其他条件保持不变的情况下,如果产品的单位变动成本上升,保本量也会上升,盈亏平衡点会向上移动。如果产品的单位变动成本降低,盈亏平衡点会向下移动。

3. 固定成本的变化对盈亏平衡点的影响

产品的固定成本的变动同样会对盈亏平衡点产生影响。根据公式

$$BE = \frac{FC}{SP-VC} = \frac{\text{固定成本}}{\text{单位销售价格}-\text{单位变动成本}}$$

得知,在其他条件保持不变的情况下,企业固定成本的增加会导致保本量的直接增加,盈亏平衡点向上移动,使企业的经营风险上升。一般来说,企业固定成本的增加往往跟固定资产增加有着紧密的联系。

4. 产品组合的变化对盈亏平衡点的影响

现实中，对于生产销售多种产品的企业来说，除了产品销售价格、单位变动成本、固定成本会对盈亏平衡点产生影响，产品的销售组合也会对盈亏平衡点产生影响。

9.1.5 盈亏平衡分析示例

【例9-1】小明打算开一个快餐店，其中每个月的店铺租金为2000元，为了开店，小明购买了一些必要的设备并维护，每月需要花费5000元，员工工资每月8000元。经过市场分析后将每份盒饭定价为8元，初步计算每份盒饭的成本为4元，对此进行盈亏平衡分析。

每个月的固定成本：FC=2000+5000+8000=15 000(元)

每份盒饭的销售单价：SP=8元

每份盒饭的变动成本：VC=4元

每月的保本销售量：

$$BE = \frac{FC}{SP-VC} = \frac{\text{固定成本}}{\text{单位销售价格}-\text{单位变动成本}} = \frac{15\,000}{8-4} = 3750(\text{份})$$

每月的保本销售额：

S=BE×SP=保本销售量×单位销售价格=3750×8=30 000(元)

贡献毛利率：

$$CMR = \frac{CM}{SP} \times 100\% = \frac{\text{单位贡献毛利率}}{\text{单位销售价格}} \times 100\% = \frac{8-4}{8} \times 100\% = 50\%$$

【例9-2】接例9-1，如果由于快餐市场竞争激烈，小明想采取低价策略，故将每份盒饭降低了2元，以每份6元出售，求此时的盈亏平衡点。

此时保本销售量：

$$BE = \frac{FC}{SP-VC} = \frac{\text{固定成本}}{\text{单位销售价格}-\text{单位变动成本}} = \frac{15\,000}{(8-2)-4} = 7500(\text{份})$$

保本销售额：

S=BE×SP=保本销售量×单位销售价格=7500×6=45 000(元)

由此可以得知，当产品销售价格下降时，产品的保本销售量会提升。

【例9-3】接例9-1，由于光顾快餐店的人逐渐变多，小明又花了1000元买桌椅，求此时的盈亏平衡点。

此时保本销售量：

$$BE = \frac{FC}{SP-VC} = \frac{\text{固定成本}}{\text{单位销售价格}-\text{单位变动成本}} = \frac{16\,000}{8-4} = 4000(\text{份})$$

保本销售额：

S=BE×SP=保本销售量×单位销售价格=4000×8=32 000(元)

由此可以得知，当固定成本上升时，产品的保本销售量会提高。

9.2 决策树法

9.2.1 决策树法的定义

决策树是在已知各种情况发生概率的基础上,通过构造决策树求取净现值的期望值大于或等于零的概率,评价决策问题的风险,判断其可行性的决策分析方法,是直观运用概率分析的一种图解法。由于这种决策分支图形很像一棵树的枝干,故称决策树。简单来说,决策树法就是以树形图来辅助进行决策方案期望收益的计算和比较,从而进行决策方案选择的方法。

决策树法包括以下几个要素。

(1) 决策点是对几种可能方案的选择,即最后选择的最佳方案。如果决策属于多级决策,则决策树的中间可以有多个决策点,以决策树根部的决策点为最终决策方案。

(2) 状态节点代表备选方案的经济效果(期望值),通过各状态节点的经济效果的对比,按照一定的决策标准就可以选出最佳方案。由状态节点引出的分支称为概率枝,概率枝的数目表示可能出现的自然状态数目,每个分枝上要注明该状态出现的概率。

(3) 结果节点代表所选方案的最终结果,将每个方案在各种自然状态下取得的损益值标注于结果节点的右端。

(4) 方案枝是由决策点引出的线段,每一线段表示一个方案。

(5) 状态枝(概率枝)是由状态点引出的线段,表示每种状态可能发生的概率。

9.2.2 决策树法的步骤

典型的决策树如图9-2所示。

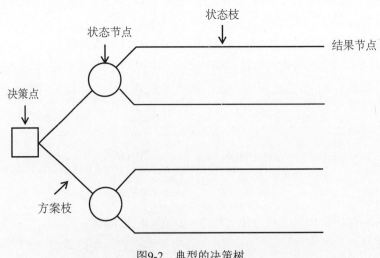

图9-2 典型的决策树

首先，根据备选方案的数目和对未来状况的预测，来绘制决策图。

其次，计算各方案的期望收益，将收益值记在状态节点的上方，将各自然状态下的损益值分别乘以概率，各状态枝的期望收益值累加。

最后，每个方案的期望收益值减去该方案的投资额或投入的成本，比较余额后选择经济效果最佳的方案。

9.2.3 决策树法的优缺点

1. 决策树法的优点

(1) 决策树易于理解和实现，可以直接体现数据，使用者不需要了解很多的背景知识就能理解决策树所表达的意义。

(2) 对于决策树，数据的准备往往是简单或者是不必要的，而且能够同时处理数据型和常规型数据，能够在相对短的时间内利用大型数据源得出可行且效果良好的结果。

(3) 易于通过静态测试来对模型进行评测，可以测定模型可信度。如果给定一个观察的模型，那么根据所产生的决策树很容易推出相应的逻辑表达式。

2. 决策树法的缺点

(1) 对连续性的字段比较难预测。

(2) 对有时间顺序的数据，需要做很多预处理的工作。

(3) 当类别太多时，错误可能会增加得比较快。

(4) 一般的算法分类时，只根据一个字段来分类。

9.2.4 决策树法的示例

【例9-4】某公司为满足市场对某种新产品的需求，拟规划建设新厂。预计市场对这种新产品的需求量比较大，但也存在销路差的可能性。公司有两种可行的扩大生产规模方案：一是新建一个大厂，预计投资30万元，销路好时可获利100万元，销路不好时亏损20万元；二是新建一个小厂，预计投资20万元，销路好时可获利40万元，销路不好时仍可获利30万元。假设市场预测结果显示，此种新产品销路好的概率为0.7，销路不好的概率为0.3。根据这些情况，下面用决策树法说明如何选择最佳的方案。(注：此处不考虑货币的时间价值)

(1) 根据决策备选方案的数目和对未来环境状态的了解，绘出决策树图形，如图9-3所示。

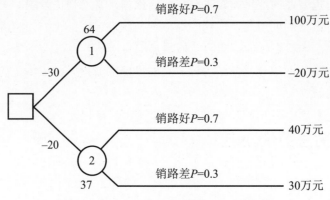

图9-3 某公司扩大生产规模方案决策树图

(2) 计算各个方案的期望收益值：

第一方案的期望收益=100×0.7+(-20)×0.3=64(万元)

第二方案的期望收益=40×0.7+30×0.3=37(万元)

(3) 将每个方案的期望收益值减去该方案实施所需要的投资额(该数额标记在相应的方案枝下方)，比较余值后就可以选出经济效果最佳的方案。

在该例中，第一方案预期的净收益=64-30=34(万元)；第二方案预期的净收益=37-20=17(万元)。比较两者，可看出应选择第一方案(在决策树图中，未被选中的方案以被"剪断"的符号来表示，如图9-4所示)。

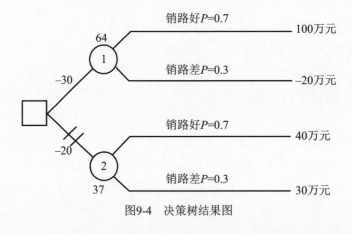

图9-4 决策树结果图

9.3 准则法

9.3.1 准则法的定义

准则法通常适用于不确定型决策，由于不确定型决策是在无法估计系统行动方案所处状态概率的情况下进行的决策，因此基本方法是先用效用值表示各种可能的后果，构造一张支付表，再用一定的评价准则评定各个方案的优劣，从而选出最优方案。准则法是利用不同的准则进行决策，进而选择不同的行动方案，包括乐观准则、悲观准则、等概率准则和最小后悔值准则。

乐观准则又称最大化最高原则或大中取大决策原则，即估计每个方案的最好结果，再从中选择结果最好的行动方案。乐观准则一般适用于冒险型决策者。

悲观准则又称最大化最低原则或小中取大原则，即估计每个方案的最坏结果，并在最坏的结果中选择最优行动方案。悲观准则一般适用于喜欢稳扎稳打的小心谨慎型决策者。

等概率准则认为方案的每种可能结果发生的概率相同，选择期望值最大的方案。在概率论和统计学中，期望值(或数学期望、均值，亦简称期望，物理学中称为期待值)是指在一个离散性随机变量试验中，每次可能结果的概率乘以其结果的总和。这里期望值的计算可参照决策树中期望收益值的计算方法。

最小后悔值准则又称最小化最高原则，即先构造一个机会损失矩阵，从机会损失矩阵的每一行中选出最大的机会损失，再从选出的机会损失中选择最小的机会损失。最小后悔值准则没有适用限制。

9.3.2 准则法的示例

【例9-5】某工厂以批发方式销售其生产的产品，每件产品的成本为0.03元，批发价格为0.05元/件。如果每天生产的产品当天销售不完，则每天每件产品要损失0.01元。

已知该工厂每天的产量可以是0、1000件、2000件、3000件、4000件；根据市场需求，每天销售的数量可能为0、1000件、2000件、3000件、4000件。则该工厂的决策者应如何安排每天的生产量？

根据条件，有5种备选方案，分别为每天生产0、1000件、2000件、3000件、4000件，问题的关键在于计算每种方案的收入。

由于每一种方案又面对5种可能的市场需求，所以每种可行方案共有5种可能的收益。

设产量为Q，销量为S，收益为R，则：

当$Q>S$时，$R=S\times(0.05-0.03)-(Q-S)\times 0.01$；

当$Q\leq S$时，$R=Q\times(0.05-0.03)$。

计算结果见表9-1。

表9-1 准则法应用示例   单位：元

产量Q	销量S				
	0	1000件	2000件	3000件	4000件
0	0	0	0	0	0
1000件	-10	20	20	20	20
2000件	-20	10	40	40	40
3000件	-30	0	30	60	60
4000件	-40	-10	20	50	80

(1) 按照乐观准则，决策者将找出每个可行方案的最大值，然后选出各个最大值中的最大值即80元，这个最大值对应的方案(即产量为4000件的方案)是最优方案。

(2) 按照悲观准则，决策者选择产量为0的方案。

(3) 按照等概率准则，产量为1000件的方案的期望值=(-10+20+20+20+20)/5=14(元)，依次算出各方案的期望值分别为0、14元、22元、24元、20元。所以，选择产量为3000件的方案。

(4) 后悔值是指在某一自然状态下的最大收益值与各方案收益值之差。按照最小后悔值原则进行决策的方法，先要找出各个方案的最大后悔值，然后从最大后悔值中选取最小后悔值，此方案为最优方案。

按照最小后悔值准则，从机会损失矩阵中可以看出(见表9-2)，产量为3000件时，决策者最满意。

表9-2 机会损失矩阵　　　　　　　　　　　　　　　单位：元

产量Q	销量S					最大机会损失
	0	1000件	2000件	3000件	4000件	
0	0	20	40	60	80	80
1000件	10	0	20	40	60	60
2000件	20	10	0	20	40	40
3000件	30	20	10	0	20	30
4000件	40	30	20	10	0	40

因此，最小后悔值准则法揭示了以下规律：

- 如果生产量大于销售量，损失的是卖不出去的那部分产品成本。
- 如果销售量大于生产量，损失的是机会利润。

由于不同决策者对风险持有不同的态度，因此此例的最优方案由决策者的风险喜好确定。

课后习题

习题答案

1. 盈亏平衡分析研究哪几个因素之间的关系。

2. 降低产品销售价格10%对利润的影响与降低产品单位变动成本10%对利润的影响是否相同？

3. 某公司生产并销售A产品，产品的单位销售价格为60元，单位变动成本为40元，该公司每个月的固定成本为28 000元。求下列问题的解。

(1) 保本销售量、保本销售额分别是多少？

(2) 若公司期望每个月盈利5000元，则每个月的销售量应该达到多少？

(3) 在目前状态下，若产品的单位变动成本下降10%，销售价格调低8%，产品销售量增加6%，则公司可以获利多少？

4. 雨虹公司生产并销售A、B两个产品，其产品贡献毛利率分别为25%、35%，两个产品的销售额预计为180 000、280 000元。公司每个月固定成本20 000元。求：

(1) 公司的综合保本销售额；

(2) 两个产品各自的保本销售额。

5. 某承包商拥有的资源有限，只能在A和B两个工程中选A或B进行投标，或者对这两项工程都不参加投标。根据过去该承包商的投标经验，对A或B投标又有两种策略：一种是投高标，中标的机会是0.3；另一种是投低标，中标的机会是0.5。这样共有A高、A低、不投、B高和B低5种方案。该承包商过去也承包过与A、B类似的工程，根据统计资料，每种方案的利润和出现的概率如表9-3所示。投标不中时，则对A损失50万元，对B损失100万元。根据上述情况，试画出决策树并分析最优决策。

表9-3　投标方案相关数据

方案	效果	可能的利润/万元	概率
A高	优	5000	0.3
	一般	1000	0.5
	赔	-3000	0.2
A低	优	4000	0.2
	一般	500	0.6
	赔	-4000	0.2
B高	优	7000	0.3
	一般	2000	0.5
	赔	-3000	0.2
B低	优	6000	0.3
	一般	1000	0.6
	赔	-1000	0.1

6. 某公司需要根据下一年度宏观经济的增长趋势预测决定投资策略。宏观经济增长趋势有不景气、不变和景气三种，投资策略有积极、稳健和保守三种，各种状态收益如表9-4所示。分别利用乐观准则、悲观准则、等概率准则和最小后悔值准则来对此问题进行决策。

表9-4　根据准则法决策投资策略　　　　　　　　　　　　　　　　单位：万元

投资策略	经济趋势预测		
	不景气	不变	景气
积极	50	150	500
稳健	100	200	300
保守	400	250	200

案例

铜陵精达的低碳之路

案例分析

铜陵精达特种电磁线股份有限公司(以下简称铜陵精达)作为国内规模最大的特种电磁线制造企业,在快速发展的同时,重视社会责任并积极履行社会责任。铜陵精达坚定"绿水青山就是金山银山"的目标,通过采用集中供漆、设备改良和加大环保投入等措施,使得环保整治力度得到加强,限制了排放量,打造了绿色工厂。但是公司2021年能源消费量显示公司没达到铜陵市下达的企业能源消耗总量的控制目标(经开区下达的"2021年度工业节能目标"要求本公司能源消费总量比上年度的增长不超过5%)。为进一步加强节能减排工作,铜陵精达更加明确了下一步的工作方向。

为了能让公司实现绿色持续发展,打赢这场节能减排的攻坚战,公司近几年已经做了一些工作,例如,优化产品结构、优化资源配置,有利于企业对能源耗用情况的监测及分配,从而有利于节能减排工作的开展;又如,改进技术,2017年制定《持续改进管理办法》等,设立每年不少于22万元的专项奖励基金,并建立从经济效益、能源和材料等的成本、产品质量等方面衡量绩效的评价规则,激励员工在技术改进领域加大投入,取得了一系列良好成果。

在技术改进取得良好成果的情况下,公司内的技术专家们经过讨论,认为原先的技术改进评价规则已经难以满足当下实际需求,即使公司已经采取了业务重组和技术改进这两项措施,2021年公司节能减排的成绩依旧未令人满意。

为提高节能减排效果,公司邀请专家进行探讨,专家了解到公司在前几年推行过业务重组和技术改进两项工作,发现过去几年公司在产品组合结构方面做得比较少,想要在节能降耗的同时提高经济效益的话,建议从生产出发、从产品出发,对产品结构进行调整,然后重新设计产品的排产方案,并将这一方案与公司之前已经在实施的两个方案——业务重组和技术改进方案进行对比,通过决策树的方法得出一个最优方案,明确公司未来进行节能减排工作的主要方向。

车间主任按照专家的方法整理设计排产方案所需要的资料,发现2021年全年电磁线业务消耗的能源大约占整个集团公司总量的86.5%,同时贡献了超过70%的营收和超过70%的营业利润,相比之下,其余业务消耗的能源总量和单位利润消耗能源量都比较低。基本可以明确节能降耗的方向需要针对电磁线产品。从产品生产来看,主要能耗集中在铜基、铝基电磁线产品上;从生产工序来看,储存和运输等环节耗能都很低,耗能高的主要可以分为两个工序,一是拉丝,二是漆包。于是公司基本能够明确设计方向,通过对铜线工厂漆包工序的各类型设备生产不同产品的产量、能耗及产品利润进行分析,得出它们之间的关系、较优产品组合以及排产的生产方案。专家建议公司可以利用现有数据,采用线性规划分析的方法,建立模型,得出最优解,从而得到最优排产方案。

公司认为可以通过整合与能耗问题相关的所有信息,运用决策树的分析方法确定一个最优方案。前面提到的公司业务重组和技术改进两个方案,针对业务重组,实行该方案获利的概率大约是60%，随之带来的收益大约是200万元，反之如果发生亏损估计会损失50万元；针对技术改进，对优秀项目的表彰情况，即如果方案实施有效果的话，约有30%的概率会为公司带来大概600万元的收益，而其他失败的项目则会损失约125万元。而关于公司产品结构优化这部分，成功和失败的概率均为50%，成功的话会为公司带来约200万元的收益，失败则估计会损失100万元。专家解释道："根据决策树模型，我们可以得出上述三种方案的期望收益均大于0，即三种方案均可取，然而产品结构优化这一方案带来的期望收益高于其余两种方案，居于最高，因此，应优先选择这一方案。"

经过这次讨论，铜陵精达更加明确了下一步的工作方向，从产品生产着手，按照产品利润与能耗情况做出方案，收集和分析实时生产数据，从而优化生产排程、合理分配生产资源、提高生产工艺、改进产品质量，促进企业提质、增效、降成本，提高企业的核心竞争力，将提高经济效益与承担社会责任同措并举。

(案例来源：中国管理案例共享中心案例库)

思考题

1. 根据案例提供的数据，绘制决策树图。
2. 针对铜陵精达，产品结构优化、业务重组和技术研发改进，哪一种方案更适合长期实施？
3. 根据案例介绍，能否预测铜陵精达下一年能否完成节能减排任务？后续的节能减排工作如何安排？

第10章
计划评审技术和关键路径法

本章学习目标

- 能够分析非结构化的项目管理进程问题。
- 掌握计划评审技术和关键路径法的分析逻辑与解题思路。
- 掌握项目网络图的绘制方法。
- 理解关键路径法的原理。

10.1 计划评审技术和关键路径法概述

10.1.1 计划评审技术和关键路径法的定义

一般情况下,一个项目的前期准备、中期执行和后期检查都是由多个部门协作完成,不是由负责人完全控制的。对于大型项目的计划和进展来说,负责人通常不能非常清晰地掌握这些信息,这时就需要采用计划评审技术和关键路径法来厘清项目的进程信息。

计划评审技术(program evaluation and review technique,PERT)起源于20世纪50年代后期,是特别为北极星导弹项目而设计的。因为在北极星导弹项目中遇到很多之前没有见过的不确定因素,因此设计出计划评审技术来解决活动中遇到的具有不确定性的问题。关键路径法(critical path method,CPM)主要是为了规划已经确定时间的项目。在利用关键路径法时,人们可以通过增加人力或资源来减少时间,但与此同时可能会带来成本的上升,故关键路径法最明显的优点就是能够确定时间和成本之间的平衡关系。同时,关键路径法也是一种基于项目网络图的项目安排方法。

计划评审技术和关键路径法都是侧重于项目时间安排的方法。计划评审技术和关键路径法能够计划、安排和控制的项目类型包括新产品及工艺的研究与开发,工厂、建筑物的建设,大型复杂设备的维护,新系统的设计与安装,大型科研项目的研究等。

计划评审技术和关键路径法有助于解决以下问题:

(1) 完成项目的总时间是多少?

(2) 每一特定活动所设定的开始和完成时间分别是什么？
(3) 为了保障项目按计划进行，哪些活动是关键活动，必须严格按计划执行完成？
(4) 不重要的活动最多可延长多长时间完成，而不至于影响整个项目的完成时间？

10.1.2 项目网络图

项目网络图主要用来表示项目中活动的先后顺序，项目网络图中的节点代表每项活动，箭线表示各个活动之间的前后顺序。项目网络图中的关键路径包含项目中的所有关键活动，且整体项目没有延误。一般的项目网络图如图10-1所示。

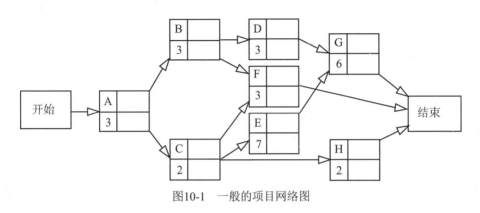

图10-1　一般的项目网络图

10.1.3 计划评审技术和关键路径法的应用步骤

第一步：确定组成项目的活动列表。
第二步：确定每项活动的紧前活动。
第三步：估计每项活动的完成时间。
第四步：画出项目网络图，描述和显示所有活动的顺序，注明活动名称和所需完成时间；
第五步：利用项目网络图和估计的活动时间，通过由前向后推进的方法，确定每个活动的最早开始时间和最早完成时间，最后一项活动的最早完成时间，也就是整体项目的最早完成时间。
第六步：把第五步中求出的项目完成时间作为最后一项活动的最晚完成时间，利用从后向前逆推的方法，确定每项活动的最晚开始时间和最晚完成时间。
第七步：根据每项活动的最晚开始时间和最早开始时间的差值，或者最晚完成时间和最早完成时间的差值，确定每项活动的松弛度。
第八步：找出所有松弛度为0的活动，这些活动就是关键活动。
第九步：根据第五步和第六步中获取的信息进行项目进度安排。
随着科学技术的发展，计划评审技术和关键路径法已经融合在一起，吸取了两种方法各自的优点,因此在项目分析中,不必区分这两种方法的不同。本章将把计划评审技术和关键路径法融合在一起,作为一个整体方法分析项目进程,接下来将利用现代商厦改建、扩张的项目例子进一步展示如何利用计划评审技术和关键路径法科学、合理地安排项目进程。

10.2 算法和实例

10.2.1 活动时间确定的项目安排

1. 项目简介

【例10-1】现代商厦项目计划对现有32个商业购物中心进行现代化改造并扩张规模,该项目预计能为8~10个新的购物中心提供空间。资金安排已到位,管理者要做的是计划、安排和完成这个扩张项目。现在用计划评审技术和关键路径法对此项目进行计划安排。

应用计划评审技术和关键路径法的第一步就是列出组成项目的所有活动,表10-1中列出了现代商厦项目的所有活动,为了更加清晰地了解每个活动具体是什么,表10-1中还对活动进行了描述,从A到I一共9项活动,并提示活动所需要的时间及其紧前活动。

表10-1 现代商厦改造项目活动列表

活动	活动描述	紧前活动	活动时间/周
A	画建筑图	—	5
B	识别潜在新客户	—	6
C	为客户写计划书	A	4
D	选择承包商	A	3
E	准备建筑许可	A	1
F	获得建筑许可	E	4
G	施工	D、F	14
H	招商	B、C	12
I	客户进驻	G、H	2
总计	—	—	51

由表10-1可知每项活动的时间,活动A需要5周,活动B需要6周,活动C和F需要4周,活动D需要3周,活动E需要1周,活动G需要14周,活动H需要12周,活动I需要2周,这些

活动的总时间是51周。此时你可能会认为这个项目需要51周才能完成,考虑到有些项目可以同时进行,这样就可以节省时间,但是同时也要考虑到有些活动有紧前活动,一项活动只有完成了它的紧前活动才能开工。

由表10-1可知,活动A和B没有紧前活动,要想进行活动C、D、E,就需要先完成它们的紧前活动A;活动F要在完成活动E后进行;活动G则需要完成活动D和F后进行;活动H需要完成活动B和C后进行;而要想进行活动I就要先完成活动G和H。因此要利用计划评审技术和关键路径法对项目进程进行规划,以便更好、更快地完成项目。

根据表10-1提供的各项活动的紧前活动信息,可以绘制现代商厦的项目网络图,如图10-2所示。此网络图能够形象、生动地表示各项活动之间的关系,并为管理人员执行计划评审技术和关键路径法的测算提供基础。

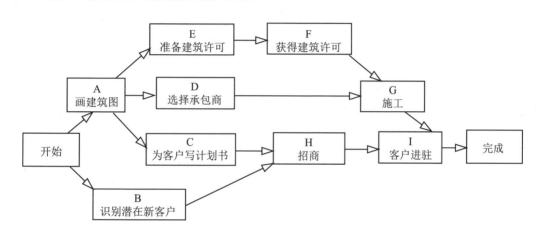

图10-2 现代商厦项目网络图

2. 关键路径的确定

为了使计划评审技术和关键路径法运用得更便捷,可以优化项目网络图,在每个节点左上方的单元格中标好该活动的字母代码或其他代码,并在其正下方的单元格标上该活动所需要的时间。

研究现代商厦的项目网络图,以便能使项目更好地执行,找到项目的关键路径。首先,项目的路径就是从开始到结束所经过的路线。例如,在图10-3所示带活动时间的现代商厦项目网络图中,现代商厦的项目进程中包含的路径有:①A—E—F—G—I;②A—D—G—I;③A—C—H—I;④B—H—I;等等。

为了完成此项目,每项活动都是必须完成的,因此需要找到能够使得所有活动都能完成的所需时间中的一条路径,如果这条路径上的活动被延误,那么整个项目的完成时间将被拉长,因此这条路径就是要找的关键路径。关键路径上的活动叫作关键活动。接下来将寻找关键路径。

1) 找出网络中所有活动的最早开始时间和最早完成时间

假设ES为活动的最早开始时间,EF为活动的最早完成时间,t为活动时间。

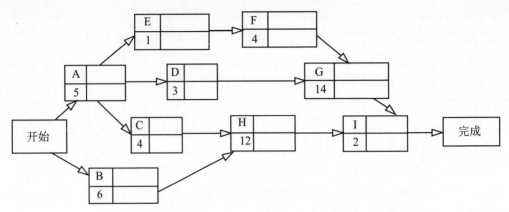

图10-3 带活动时间的现代商厦项目网络图

故对于任何活动来说,最早完成时间为

$$EF=ES+t$$

项目开始后要进行A活动,所以设A活动的开始时间为0,而完成A活动需要5周,因此A活动的最早完成时间是EF=ES+t=0+5=5。

接着要将每个活动的最早开始时间和最早完成时间标在节点单元格的右侧单元格上方,如图10-4,首先以A活动为例,标上最早开始时间0和最早完成时间5。

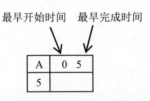

图10-4 活动A的最早开始时间和最早完成时间网络图

每一项活动在其紧前活动没有完成之前是不能开始的,所以可以利用如下规则来确定每个活动的最早开始时间:每项活动的最早开始时间等于它所有紧前活动最早完成时间中的最大值。现在将如上规则应用到网络中的部分节点中。

(1) 活动B的最早开始时间为0,活动完成需要的时间为6周,故活动B的节点中显示的最早开始时间ES=0,最早完成时间EF=ES+t=0+6=6。

(2) 活动C的紧前活动只有一项为活动A,因此要想进行活动C就要先完成活动A,由于活动A的最早完成时间是5,故活动C的最早开始时间ES=5,而完成活动C需要4周,那么活动C的最早完成时间EF=ES+t=5+4=9。同时将活动C的最早开始时间和最早完成时间标注在图10-5中。

(3) 随后观察活动D,活动D与活动C的算法类似,因为它们的紧前活动都是活动A,而完成活动D需3周时间,故活动D的最早完成时间EF=5+3=8。

(4) 与活动C、D类似的还有活动E,同样是只有紧前活动A,完成活动E需要1周,故活动E的最早完成时间EF=5+1=6。

(5) 随后分析活动F,由表10-1可知活动F的紧前活动只有活动E,而活动E的最早完成时间是6,故活动F的最早开始时间ES=6,完成活动F需要4周,那么活动F的最早完成时间

EF=ES+t=6+4=10。

(6) 再分析活动G时，可以知道活动G有两个紧前活动，分别是活动D和活动F，那么活动G的最早开始时间就是活动D和活动F最早完成时间的最大值，活动D和活动F最早完成时间分别是8和10。故活动G的最早开始时间ES=10，而完成活动G需要14周，活动G的最早完成时间EF=ES+t=10+14=24。

(7) 活动H有活动B和C两个紧前活动，它们最早完成时间分别是6和9，那么活动H的最早开始时间ES=9，完成活动H需要12周，故活动H的最早完成时间EF=ES+t=9+12=21。

(8) 最后看活动I，同样有两个紧前活动，分别是活动G和H，最早完成时间的最大值是24，故这也是活动I的最早开始时间，完成活动I需要2周，故活动I最早完成时间EF=ES+t=24+2=26。

把计算出的各项活动的最早开始时间和最早完成时间标在图10-5中。可以看出活动I的最早完成时间是26周，因此，可以知道整个项目的最早完成时间就是26周。

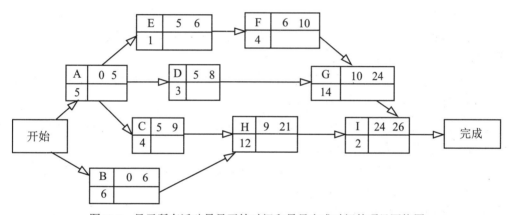

图10-5 显示所有活动最早开始时间和最早完成时间的项目网络图

2) 寻找关键路径

接下来利用逆推法来找出关键路径，因为项目的总完成时间是26周，因此要从具有最晚完成时间(26周)的活动I开始向前逆推。一旦知道了某项活动的最晚完成时间，就可以逆推这项活动的最晚开始时间，假设LS为每项活动的最晚开始时间，LF为每项活动的最晚完成时间，那么可以推得：

$$LS=LF-t$$

根据逆推公式，进行项目活动时间逆推。

从活动I开始向前逆推，已知活动I的最晚完成时间LF=26，完成活动I需要的时间是2周，故活动I的最晚开始时间LS=LF-t=26-2=24。接着把活动I的最晚完成时间(LF)和最晚开始时间(LS)标在单元格中，如图10-6所示。

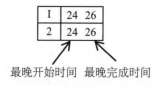

图10-6 活动I的最晚开始时间和最晚完成时间的项目网络图

下面的规则可以用来确定网络中的每个活动的最晚完成时间：由于一个活动最早开始时间是其所有紧前活动的最早结束时间的最大值，而一个活动的最晚完成时间是其所有紧后活动最晚开始时间的最小值。由此可得，计划评审技术根据紧前活动计算而得，关键路径法根据紧后活动计算而得。

从逻辑上来说，上述规则能够明确一项活动的最晚完成时间应该等于所有紧后活动中最晚开始时间的最小值。

(1) 计算最晚开始时间(LS)和最晚完成时间(LF)，由于活动I是活动H的唯一紧后活动，所以活动H的最晚完成时间一定等于活动I的最晚开始时间，可以得到活动H的最晚完成时间LF=24，又知道完成活动H需要12周，那么活动H的最晚开始时间LS=LF-t=24-12=12。

(2) 同样，由于活动I是活动G的唯一紧后活动，所以活动G的最晚完成时间也等于活动I的最晚开始时间24，已知完成活动G需要14周，那么活动G的最晚开始时间LS=LF-t=24-14=10。

(3) 活动F的最晚完成时间等于活动G的最晚开始时间10，已知完成活动F需要4周，那么活动F的最晚开始时间LS=LF-t=10-4=6。

(4) 活动E的最晚完成时间等于活动F的最晚开始时间6，已知完成活动E需要1周，那么活动E的最晚开始时间LS=LF-t=6-1=5。

(5) 活动D的最晚完成时间等于活动G的最晚开始时间10，已知完成活动D需要3周，那么活动D的最晚开始时间LS=LF-t=10-3=7。

(6) 活动C的最晚完成时间等于活动H的最晚开始时间12，已知完成活动C需要4周，那么活动C的最晚开始时间LS=LF-t=12-4=8。

(7) 活动B的最晚完成时间等于活动H的最晚开始时间12，已知完成活动B需要6周，那么活动B的最晚开始时间LS=LF-t=12-6=6。

(8) 活动A的最晚完成时间等于活动C、D、E中最晚开始时间的最小值，活动C、D、E的最晚开始时间分别是8、7、5，故活动A的最晚完成时间是5，已知完成活动A需要5周，那么活动A的最晚开始时间LS=LF-t=5-5=0。

利用逆推法计算出最晚开始时间和最晚完成时间标在单元格中，具体情况如图10-7所示，此时就完成了向前逆推的验证。

此时，在完成向后推进和向前逆推之后，就可以确定每个活动的松弛度。松弛度是指每个活动在不影响项目整体推进的情况下，可以延迟的时间长度。计算活动的松弛度的公式如下：

$$松弛度=LS-ES=LF-EF$$

松弛度=最晚开始时间-最早开始时间=最晚完成时间-最早完成时间

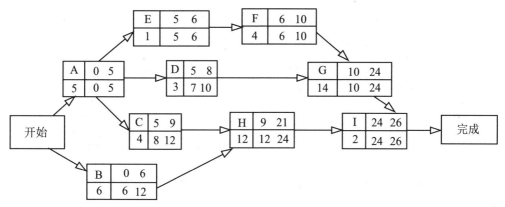

图10-7 显示最晚开始时间和最晚完成时间的项目网络图

例如，活动C的松弛度=LS-ES=8-5=3，因此活动C最多可以延迟3周，整个项目仍可以在26周内完成。从这个层面来说，活动C不是整个项目的关键环节。接着分析活动E，根据图10-7得到活动E的松弛度=LS-ES=5-5=0，活动E的松弛度为0，如果活动E延误了，那么整个项目就会延误，或者可以说活动E没有松弛度，也就是这个项目的关键环节，活动E是一个关键活动。一般而言，关键活动的松弛度为0。

可以根据图10-7提供的每个项目的最早开始时间和最晚开始时间、最早完成时间和最晚完成时间来计算每个活动的松弛度，将有关信息以表10-2表示出来。从松弛度列的结果来看，活动A、E、F、G和I的松弛度为0，因此这些活动都是项目的关键活动，而这些节点构成的路径A—E—F—G—I就是现代商厦项目网络图的关键路径。表10-2中活动的详细安排表明，在不增加整个项目完成时间的情况下，非关键活动所能延误的时间或松弛区间。

表10-2 现代商厦项目活动安排

活动	最早开始时间(ES)	最晚开始时间(LS)	最早完成时间(EF)	最晚完成时间(LF)	松弛度(LS-ES)	是否为关键路径
A	0	0	5	5	0	是
B	0	6	6	12	6	—
C	5	8	9	12	3	—
D	5	7	8	10	2	—
E	5	5	6	6	0	是
F	6	6	10	10	0	是
G	10	10	24	24	0	是
H	9	12	21	24	3	—
I	24	24	26	26	0	是

图10-8为本例的最终分析结果，项目网络图和关键路径显示在图中。

3. 其他例子

有一家证券投资公司，主要从事地方融资业务，包括承销新发行的市政债券和其他

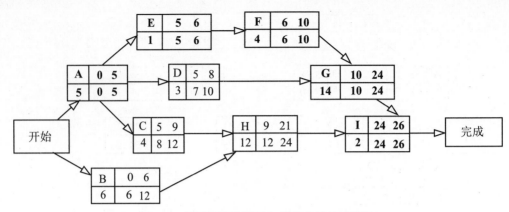

图10-8 项目关键路径图(加粗部分是关键路径)

投资银行服务。该公司为当地医院提供了3100万元的医疗设施收入债券。这个项目中共有23项活动，包括起草法律文件，描述现有医疗设施情况，进行可行性研究等活动。该项目需要在医院签署建设合同时完成，从债券发行中获取收益。项目管理团队负责设计所有活动的前后关系和活动时间。

通过对项目网络图的计划评审技术和关键路径法分析，识别整个项目的关键路径上有10项关键活动。此外，通过分析还可以确定项目的预计完成时间为29周，即大约7个月的时间。在活动安排中列出每项活动的开始时间和完成时间，以及监控和保证项目按计划完成的必要信息。计划评审技术和关键路径法为项目在合同规定时间内筹集资金起到了极其重要的作用。

10.2.2 活动时间不确定的项目安排

如果项目的活动时间不确定，可以考虑用三点估计法来估计活动时间。所谓三点估计法，就是把施工时间分为乐观时间、最可能时间、悲观时间，乐观时间也就是工作顺利情况下的时间T_o，最可能时间就是完成某道工序的最可能完成时间T_m，最悲观的时间就是工作进行不利情形下所用时间T_p。具体来说，三点估计法不仅要估计活动时间，还要估计整个项目在规定时间完成的概率。估计的活动时间是所估计的最长时间、最短时间和最可能时间三个数的加权平均值。

1. 三点估计法的步骤

(1) 确定项目要完成的每项活动。

(2) 确定活动顺序，构建反映顺序关系的网络图。

(3) 对完成每项活动所需的时间做三点时间估计，T_o为乐观时间，T_m为最可能时间，T_p为悲观时间。

(4) 计算每项活动的期望时间ET，公式如下：

$$ET = \frac{T_o + 4T_m + T_p}{6}$$

(5) 确定关键路径。

(6) 计算活动的时间标准差SD和方差σ^2：

$$SD = \frac{T_p - T_o}{6}$$

$$\sigma^2 = \left(\frac{T_p - T_o}{6}\right)^2$$

(7) 在应用标准正态分布的基础上确定项目在给定日期内的完工概率。

2. 正态分布期望值

1个标准差的范围内，曲线下面积约占总面积的68.26%；2个标准差的范围内，曲线下面积约占总面积的95.44%；3个标准差的范围内，曲线下面积约占总面积的99.72%。因此可以知道：如果项目在期望工期内完成的概率是50%，则在(可能值+1个标准差)时间内完成的概率是50%+(68.26%/2)=84.13%，在(可能值+2个标准差)时间内完成的概率是50%+(95.44%/2)=97.72%，在(可能值+3个标准差)时间内完成的概率是50%+(99.72%/2)=99.86%。

3. 三点估计法的应用

【例10-2】活动A乐观估计值为3天，最可能估计值为4天，悲观估计值为7天，请问：①A活动的均值是多少？②标准差是多少？③如果保证率要达到97.72%，则需要工期多少天？

① $ET = \frac{T_o + 4T_m + T_p}{6} = \frac{3 + 4 \times 4 + 7}{6} = 4.33$

② $SD = \frac{7-3}{6} = 0.67$

③ 如果要达到97.72%的可能性，则需要工期4.33+0.67×2=5.67(天)。

【例10-3】完成活动A悲观估计36天，最可能估计21天，乐观估计6天，请问：①在16天内完成的概率是多少？②在21天内完成的概率是多少？③在21天之后完成的概率是多少？④在21天到26天之间完成的概率是多少？⑤在26天完成的概率是多少？

最终估算结果=(悲观工期+乐观工期+4×最可能工期)/6=(36+21×4+6)/6=21

标准差=(悲观工期-乐观工期)/6=(36-6)/6=5

所以根据正态分布：16(21-5)~26(21+5)这个区间范围内的概率都是68.26%，即在正负一个标准差范围内的概率有68.26%。

算出了16~26这个区间的概率，用100%减这个区间的概率68.26%即得到不在这个区间的概率(100%-68.26%=31.74%)，算出31.74%之后，再除以2即得到小于16天和大于26天分别对应的概率(31.74%/2=15.87%)。

① 在16天内完成的概率是(100%-68.26)/2=15.87%。

② 在21天内完成的概率是50%(μ=21，所以正好是50%)。

③ 在21天之后完成的概率是50%($\mu=21$，所以正好是50%)。
④ 在21天到26天之间完成的概率是68.26%/2=34.13。
⑤ 在26天完成的概率是100%-15.87%=84.13%，或者50%+68.26%/2=84.13%。

10.3 应用的进一步探讨

结合10.2.1节的现代商厦项目进度安排案例，可以根据在关键路径的计算中获取的信息回答与项目计划、安排及控制有关的问题。

(1) 项目需要多长时间完成？

答：如果每项活动都能够按计划完成，那么完成这个项目需要26周的时间。

(2) 每项活动被安排的开始时间和完成时间是什么？

答：活动安排如表10-2所示，这说明了每项活动的最早开始时间、最晚开始时间、最早完成时间和最晚完成时间。

(3) 为了按计划完成整个项目，哪些活动是关键的，需要按时完成？

答：活动A、E、F、G和I都是关键活动。

(4) 在不增加项目完成时间的情况下，非关键活动可以延期多长时间？

答：活动安排如表10-2所示，说明了每项活动的松弛度。其中，活动B最多可以延期6周，活动C最多可以延期3周，活动D最多可以延期2周，活动H最多可以延期3周。

对任何项目的管理，上述所获得的信息都是非常有价值的。尽管随着项目的扩大，找出紧前和紧后活动会需要花费更多的时间，但计划评审技术和关键路径法仍然是较为有效的方法，计划评审技术和关键路径法有助于大型项目活动的安排，可以帮助项目管理者高效率管理项目进程。

课后习题

习题答案

1. 什么类型的项目可以用计划评审技术和关键路径法来分析？
2. 计划评审技术和关键路径法能够解决什么问题？请举例说明。
3. 在工程网络计划中，工作M的最早开始时间为第16天，其持续时间为5天。该工作有三项紧后工作，它们的最早开始时间分别为第25天、第27天和第30天，最晚开始时间分别为第28天、第29天和第30天。工作M的进度可以怎样安排？
4. 某车间需要用一台车床和一台铣床加工A、B、C、D 4个零件。每个零件都需要先用车床加工，再用铣床加工。车床与铣床加工每个零件所需的工时(包括加工前的准备时间及加工后的处理时间)如表10-3所示。若以A、B、C、D顺序安排加工，则共需要32小时。适当调整零件加工顺序，可使所需总工时最短。在这种最短总工时方案中，零件A在车床上的加工顺序安排在第几位，加工4个零件共需多少小时？

表10-3 零件加工工时表　　　　　　　　　　　　　　　单位：小时

工时	A	B	C	D
车床	8	6	2	4
铣床	3	1	3	12

5. A任务持续时间悲观估计为36天，最大可能估计为21天，乐观估计为6天。那么A任务在16到26天之间完成的概率有多大？

6. 公司的某项目即将开始，项目经理估计该项目10天即可完成，如果出现问题耽搁了也不会超过20天，最快6天即可完成。根据项目历时估计中的三点估算法，你认为该项目的历时是多少？该项目历时的估算标准差是多少？

7. 张某是M公司的项目经理，有着丰富的项目管理经验，最近负责某电子商务系统开发的项目管理工作。该项目经过工作分解后，范围已经明确。为了更好地对项目的开发过程进行监控，保证项目顺利完成，张某拟采用网络计划技术对项目进度进行管理。经过分析，张某得到了一张工作计划表，如表10-4所示。

表10-4 电子商务系统开发项目工作计划表

工作代号	紧前工作	计划工作历时/天	最短工作历时/天
A	—	5	4
B	A	2	2
C	A	8	7
D	B、C	10	9
E	C	5	4
F	D	10	8
G	D、E	11	8
H	F、G	10	9

绘制该项目的网络图，利用计划评审技术和关键路径法找到该项目的关键路径并计算工期。

8. 分析图10-9所示项目网络图和表10-5所示活动时间，回答下列问题。

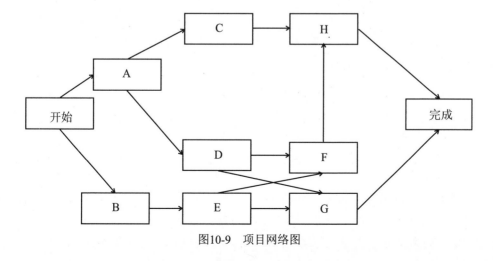

图10-9 项目网络图

表10-5 项目活动时间　　　　　　　　　　　　　　　　　　　　　　　　　单位：周

活动	A	B	C	D	E	F	G	H
活动时间	5	3	7	6	7	3	10	8

(1) 为本项目找出关键路径。

(2) 测算完成项目的总时间。

(3) 在不延误整个项目的情况下，活动D能被延误吗？如果可以的话，最多能延误多久？

(4) 在不延误整个项目的情况下，活动C能被延误吗？如果可以的话，最多能延误多久？

案例

大华超市仓库管理项目

案例分析

大华通过杂货店和超级市场销售其生产的多种食品。该公司直接从个体销售点接受订单，通常要向不同的地方同时运送20～50种产品。依据公司现有仓库操作流程，仓库管理员要派遣人员填写每个订单，然后将商品搬运到仓库运输区域。由于较高的人力成本和低效的手工拣选作业，管理人员希望安装一个计算机控制的拣选系统和一个把商品从储存室传送到运输区域的传输系统。

大华的材料管理处负责人被任命为项目经理，负责仓库系统自动化项目。咨询了工程人员和仓库管理人员之后，该负责人列出了一系列与项目相关的活动，以及完成每个活动的乐观时间、最可能时间和悲观时间，见表10-6。

表10-6 仓库系统自动化项目活动及预计时间　　　　　　　　　　　　　　　单位：周

活动	描述	紧前活动	时间		
			乐观时间	最可能时间	悲观时间
A	确定需要的设备	—	4	6	8
B	获取供应商的投标书	—	6	8	16
C	选择供应商	A、B	2	4	6
D	下订单	C	8	10	24
E	设计新的仓库布局	C	7	10	13
F	设计仓库	E	4	6	8
G	设计计算机接口	C	4	6	20
H	连接计算机	D、F、G	4	6	8
I	安装系统	D、F	4	6	14
J	培训系统操作员	H	3	4	5
K	测试系统	I、J	2	4	6

现在要设计一份报告，包含活动安排时间表和仓库系统自动化项目的期望完成时间，以及一个项目网络图。另外，要考虑以下三个问题：

(1) 公司的高层管理人员要求在40周之内完成该项目，请问这个完成时间能够实现吗？请在你的讨论中给出概率信息。如果要求在该段时间内完成这个项目，你有什么好的建议吗？

(2) 假定管理者要求缩短活动时间，以80%的概率满足40周之内完成该项目的要求，如果项目完成时间的偏差与(1)一样，项目期望完成时间应该缩减多少使得在40周之内完成该项目的可能性达到80%？

(3) 将期望活动时间作为正常时间，利用表10-7中的紧缩信息，确定仓库系统自动化项目的活动紧缩决策和修改后的活动安排时间表。

表10-7 项目缩减时间及费用

活动	紧缩后的活动时间/周	费用/元	
		正常	紧缩
A	4	1000	1900
B	7	1000	1800
C	2	1500	2700
D	8	2000	3200
E	7	5000	8000
F	4	3000	4100
G	5	8000	10 250
H	4	5000	6400
I	4	10 000	12 400
J	3	4000	4400
K	3	5000	5500

思考题

1. 结合本案例，说明确定项目关键活动和时间安排为何重要？在活动时间有弹性的情况下，如何规划项目进度？

2. 结合本案例，考虑计划评审技术还适用于分析和解决哪些管理问题？

第11章 指派问题

本章学习目标

- 识别现实社会和经济中的指派问题。
- 学会构建指派问题的匈牙利法模型。
- 能够运用匈牙利法解决指派问题。

11.1 指派问题概述

11.1.1 什么是指派问题

在实际生活中,面对各式各样的工作任务,往往需要寻找适当的分派任务的方法,使得现有的人力资源、物力资源、财力资源能够得到充分利用。有效地分派任务有助于合理地利用资源、降低工作成本、提高团队成员工作效率,进而提高企业绩效水平。

比如,管理者在制定决策时常常遇到这样的问题,有若干项工作等待被工作人员领取和解决,而可分派去工作的人员由于其自身特征和工作能力各不相同,有的工作需要通力合作才能够完成,有的工作任务性质特殊,只能交给一个人去完成。不同的工作人员组合相当于不同能力的组合,不同的人或机器所耗费的时间成本、资源成本也是存在差别的,团队成员组合不同则完成工作的效果不同。因此,派哪个人或者哪些人的组合去完成哪项任务,能够使任务的完成率和完成的总效果达到最佳,能够使完成任务所花费的金钱、时间、人力等资源最少?这类问题被称为指派问题,又称分派问题。

例如某企业或组织有 n 项任务需要完成,此时有 n 个工作人员可以胜任这些工作任务。管理者考虑到工作任务的性质不同,每个人擅长的领域不同,完成任务所需要的时间、资金等资源不同,完成工作的效率不同等多方面差异,因此要考虑分派哪个人去完成哪些工作才能使这 n 项任务的总效率最高或总收益最大。

传统的指派问题主要是指这样一类情况:存在一系列需要个人来完成的任务,并且每位人员负责完成其中一项具体任务的事件。解决个人任务指派问题的方法之一是匈牙利法。但是众所周知，在实际生活和工作管理中，并不会总是出现工作人员与工作任务一一对应的情况，工作量、人才引进情况、组织内外部竞争环境、时间差、市场行情等多种因素都会导致能够胜任工作的人数与工作任务数不匹配的情况，此时传统的解决个人任务指派问题的匈牙利法不再适用了，需要更复杂的方法去解决这类复杂问题。

复杂的指派问题可以通过多种方法来解决，例如运输问题解法、整数规划解法等。匈牙利法是解决传统指派问题的有效方法，但指派问题常常面临复杂的任务情况，此时为不完全指派问题。比如实际生活中的某一个工作岗位，岗位数量有限，但是来应聘或能够胜任该工作的人的数量常常大于岗位的数量；岗位上的现有工作人员出现了身体不适、轮岗抽调等情况而造成岗位空缺，不能继续完成这个岗位上的工作，但是这个岗位的工作又不能停止运行，可能面临无人接替该项工作或者接替工作的备选人员太多等情况，怎样对现有的人力资源进行分派才能最优化地解决可能遇到的问题，匈牙利法可能不适合解决多样化和复杂化事件。

本书对指派问题可能出现的情形进行了分类讨论。在特定要求下分派任务时，由于每个人的特征和擅长的领域等不同，指派问题所遇到的情形多种多样。

因此，解决指派问题需要采用多样化的定量分析方法，科学地对任务进行分配，尽可能达到花费最低的成本，获得最大的收益。假设有 m 项任务需要分配，有 n 个工作人员可以胜任这些任务，m 与 n 的数量在现实生活中往往是不相同的，将指派问题分成如下三种情况进行分析与探讨。

情况一：当工作任务的数量和工作人员的数量相同时，即 $m=n$ 时，此时可以做到将每个人对应分配到每一个工作任务中去。

情况二：当工作任务的数量大于工作人员的数量时，即 $m>n$ 时，任务数与工作人员数无法一一对应，因此假设 $m-n$ 个工作人员构成一个 $m \times m$ 的工作效率矩阵，同时这 $m-n$ 个人在执行 m 项工作任务时的成本应该是最高的。

情况三：当工作任务的数量小于工作人员的数量时，即 $m<n$ 时，任务数与工作人员数无法一一对应，因此假设 $n-m$ 项工作任务构成一个 $n \times n$ 的工作效率矩阵，同时这 n 个工作人员在执行 $n-m$ 项任务时所付出的成本是最低的。

11.1.2 解决指派问题的基本方法

解决指派问题的标准形式：有 n 项任务，恰好 n 个人承担，第 i 人完成第 j 项任务的花费(时间或费用等)为 $c_{ij}(i=1,2,3,\cdots,n; j=1,2,3,\cdots,n)$，为了确定人和任务之间的一一对应的指派方案，使总花费最少，则构建一个系数矩阵，记为 C，系数矩阵如下：

$$C = (c_{ij})_{m \times n} = \begin{pmatrix} c_{11} & c_{12} & \cdots & c_{1n} \\ c_{21} & c_{22} & \cdots & c_{2n} \\ \vdots & \vdots & & \vdots \\ c_{n1} & c_{n2} & \cdots & c_{mn} \end{pmatrix}$$

在实际问题中，c_{ij} 的含义可以不同，如费用、成本、时间等。为建立标准指派问题的数学模型，引入$n \times n$个0-1变量：

$$x_{ij} = \begin{cases} 1, & 若指派第i人做第j事 \\ 0, & 若不指派第i人做第j事 \end{cases} (i, j = 1, 2, \cdots, n)$$

指派模型为

$$\min z = \sum_{i=1}^{n} \sum_{j=1}^{n} c_{ij} x_{ij}$$

该目标函数用来表示完成所有n项工作任务所需要花费的总资源是最少的，c_{ij}用来表示指派第i个工作人员去完成第j项工作任务时所需要消耗的所有人、财、物等资源。

由于每一项工作任务仅安排一人完成，因此指派问题中工作任务的约束条件为

$$\sum_{i=1}^{n} x_{ij} = 1 (i = 1, 2, 3, \cdots, n)$$

该约束条件表示第j项工作任务只能分派一个工作人员去完成。

同时，每个人仅安排一项工作，因此指派问题中人员的约束条件为

$$\sum_{j=1}^{n} x_{ij} = 1 (j = 1, 2, 3, \cdots, n)$$

该约束条件表示第i个工作人员只能完成一项工作任务。

上述两个约束条件中，$x_{ij} = 0$说明不指派第i个工作人员去完成第j项工作任务，$x_{ij} = 1$说明指派第i个工作人员去完成第j项工作任务。

11.1.3 指派问题的性质

指派问题是涉及0-1整数线性规划的问题，能够采用0-1整数线性规划的求解方法求解，也可以采用表上作业法求解，无论用什么方法求解，一定是有最优解的。而对于构造的系数矩阵来说，在矩阵的某一行或者某一列加或减一个不为0的常数，经过这一系列变化后，系数矩阵的最优解是不变的。

由于系数矩阵经过一系列符合要求的初等变换之后所得到的最优解不会变化，因此在解决指派问题时可以采取对系数矩阵进行初等变换的方法，使每一行和每一列都能包含一个0元素，当行和列交叉的位置为0元素时，就将该交叉位置的0元素换成1，通过这样一系列变换可以得到指派问题的最优解。指派问题采用这一方法经过有限步骤的变换，一定会得到一个最优方案。

11.1.4 匈牙利法

匈牙利法是1955年库恩所提出的一种解决指派问题的方法，这个方法将匈牙利数学家

康尼格发现的关于矩阵中0元素的定理作为理论基础,因此称为匈牙利法。

匈牙利法使用的前提是必须同时满足如下三个条件:首先指派问题的目标要求必须为最小(min),其次工作系数矩阵要为n阶方阵,最后要保证系数矩阵中所包含的所有元素$c_{ij} \geq 0$,且各元素都为常数。

采用匈牙利法解决指派问题的流程(见图11-1)如下:首先将效率矩阵进行简化,在行、列中进行0元素的构建,尝试做出一个完全分配的方案,并对简化后的效率矩阵进行0元素的一一标记;其次对有0元素的地方进行画线覆盖,并找出能够覆盖所有0元素的最少数量的直线的集合;最后在此基础之上增加0元素,再次重复前面的步骤。

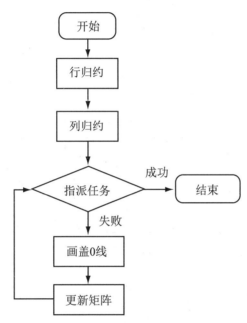

图11-1 采用匈牙利法解决指派问题的流程

根据相关文献可以得知,当前对解决指派问题的匈牙利法的理论研究主要集中于如下两个方面,一是可以应用于哪些领域,二是不足与需要改善之处有哪些。匈牙利法的使用依据主要是在所列效率矩阵的任何一行或任何一列当中,加上或者减去同一个常数是不会改变最佳分配方案的。利用这个性质可以使原本的工作效率矩阵转换为包含许多新元素的工作效率矩阵,同时找到位于其中不同行和不同列的n个独立的元素并将它赋值为1,剩下的元素赋值为0,最后可以得到最佳方案。

虽然匈牙利法在分派任务时具有工作人员数量与工作任务数量匹配的局限性,但在实际管理中,匈牙利法还是存在很大应用空间的。以模糊关系为基础的工作分派法是指建立工作人员的能力矩阵和满意度矩阵的模糊集,并将匈牙利法应用到工作方案的分派过程中。匈牙利法具备一定的优势和劣势,应用过程中也存在一定的处理和使用技巧,根据实践得出的经验与教训对匈牙利法进行改进是有效果的。除了从实践中改进匈牙利法,还可以对程序的设计、对关键技术进行革新与改进,使匈牙利法可以应用于更多样化的场景,更有效地解决实际工作中的指派问题。

综上所述，匈牙利法是一种常见且应用广泛的解决指派问题的方法，是一种方便、快捷的决策工具。管理者应与时俱进，使企业能够更好地做到物尽其用，花费最低的成本，收获最大的效益，从实践中得出科学的结论，更好地解决相关企业管理问题。

11.2 指派问题示例

下面通过一个示例说明如何解决指派问题。

【例11-1】有一份中文说明书，需要译成英、日、德、俄4种文字，分别记作A、B、C、D。现有甲、乙、丙、丁4位翻译人员，他们均具备翻译4种文字的能力，他们每人将中文说明书翻译成不同语种的说明书所需时间如表11-1所示。请问应指派何人去完成何工作，可以使所需总时间最少？

表11-1 翻译说明书所需时间矩阵

人员	任务			
	A	B	C	D
甲	2	15	13	4
乙	10	4	14	15
丙	9	14	16	13
丁	7	8	11	9

第一步，原系数矩阵经过0归约后得到b_{ij}矩阵，可以看到行、列都有0元素。

$$(c_{ij}) = \begin{pmatrix} 2 & 15 & 13 & 4 \\ 10 & 4 & 14 & 15 \\ 9 & 14 & 16 & 13 \\ 7 & 8 & 11 & 9 \end{pmatrix} \begin{matrix} \min \\ 2 \\ 4 \\ 9 \\ 7 \end{matrix}$$

$$\rightarrow \begin{pmatrix} 0 & 13 & 11 & 2 \\ 6 & 0 & 10 & 11 \\ 0 & 5 & 7 & 4 \\ 0 & 1 & 4 & 2 \end{pmatrix} \rightarrow \begin{pmatrix} 0 & 13 & 7 & 0 \\ 6 & 0 & 6 & 9 \\ 0 & 5 & 3 & 2 \\ 0 & 1 & 0 & 0 \end{pmatrix} = (b_{ij})$$

$$ 4 \quad 2 \min$$

第二步，进行试指派，以寻求最优解。经第一步变换后，系数矩阵中每行、每列都有了0元素，但此时不能确定是否已经找到了最优解，还需要找出n个独立的0元素。若能找出，就可以得到最优解。

当n较小时，可用观察法、试探法找出n个独立0元素。若n较大时，就必须按一定的步骤去找，常用的步骤如下。

(1) 从只有一个0元素的行(列)开始，给这个0元素加圈，记作◎，表示对该行所代表的人，只有一种任务可指派；然后删去◎所在列(行)的其他0元素，记作ϕ，表示该列所代表的任务已指派完，不必再考虑别人了。

(2) 给只有一个0元素列(行)的0元素加圈，记作◎；然后删去◎所在行(列)的0元素，记作 ϕ。

(3) 反复进行(1) (2) 两步，直到所有0元素都被圈出和删掉为止。

(4) 若仍有没有加圈的0元素，且同行(列)的0元素至少有两个(表示对这个人可以从两项任务中指派其一)，则可用不同的方案去试探。从剩有0元素最少的行(列)开始，比较这行各0元素所在列中0元素的数目，选择0元素少的列(行)的0元素加圈(表示选择性多的要"礼让"选择性少的)，然后删掉同行同列的其他0元素。可反复进行，直到所有0元素都已圈出和删掉为止。

(5) 若加圈元素的数目m等于矩阵的阶数n，那么该指派问题的最优解已得到。若$m<n$，则转入下一步。

现对例11-1的(b_{ij})矩阵按上述步骤进行运算。按步骤(1)，先给b_{22}加圈，然后给b_{31}加圈，删掉b_{11}，b_{41}；按步骤(2)，给b_{43}加圈，删掉b_{44}，最后给b_{14}加圈，得到$m=n=4$，所以得最优解为

$$(x_{ij}) = \begin{pmatrix} 0 & 0 & 0 & 1 \\ 0 & 1 & 0 & 0 \\ 1 & 0 & 0 & 0 \\ 0 & 0 & 1 & 0 \end{pmatrix}$$

$$\min z_b = \sum_i \sum_j b_{ij} x_{ij} = 0$$
$$\min z = \sum_i \sum_j c_{ij} x_{ij} = c_{31} + c_{22} + c_{43} + c_{14} = 28(\text{小时})$$

即指派甲翻译俄文，乙翻译日文，丙翻译英文，丁翻译德文时，所需总时间最少，为28小时。

11.3 指派问题的进一步探讨

生活中存在很多事情与指派问题类似，但是也有诸多情况由于不满足某些条件而不能使用指派的方式解决问题。例如由于某件事具有特殊性而不能由某工作人员来做或者某工作人员没有能力完成某工作任务时，则可能导致不能使用指派的方式去解决问题。当面对这种情况时，可以通过采取在工作系数矩阵中找出对应的位置并做出特殊标记的方法来解决。通常采用的做法是在标准形式的指派问题的系数矩阵中选一个较大的正数M作为效应值来表示不能够采取指派方式求解，并且在进行其他步骤时该正数M值是始终保持不变的，而在最优解获取时，M对应的变量不可能取值为1。

除了上述所提到的无人能完成该项工作任务或由于特殊原因工作任务不能交给现有工作人员完成等情况，也可能会出现一个人可以完成多项工作任务的情况。处理这类指派问题时，则可以假设这个工作人员做p项工作任务，将这个工作人员看作p个工作人员接受指派，即与p个人做这些事情的效果相同，在系数矩阵中的处理方式则表现为在矩阵中增加$p-1$行，这样结果与指定某个工作人员的结果是相同的。

例如前面提到的另一种情形，当工作任务的数量小于工作人员的数量，且每个工作人员只能够被允许去完成其中一项工作任务时，无法直接用匈牙利法对其进行求解，此时假设第i个工作人员完成第j项工作任务所需要花费的时间为a_{ij}，并假设还剩下$n-m$项工作任务，每个人完成剩余工作任务所需要消耗的时间为0，这时才有条件运用匈牙利法进行求解，并写出对应的系数矩阵，得出每个工作人员应该分派多少任务。假如此时某个工作人员被指派到虚设的工作任务中，则说明他没有被指派成功，没有合适他的工作任务可以安排给他，而成功被分配的工作人员将构成一个最优决策下的最优团队，也就是最优的分派方案。

课后习题

1. 简述什么是指派问题？举例说明现实中的指派问题。
2. 解释匈牙利法。
3. 简述任务与人数不相等情况下解决指派问题的思路。

习题答案

案例

复杂指派问题举例

案例分析

求表11-2中所列的工作效率矩阵指派问题的最小解。

表11-2　工作效率矩阵　　　　　　　　　　　　　单位：小时

人员	任务				
	A	B	C	D	E
甲	12	7	9	7	9
乙	8	9	6	6	6
丙	7	17	12	14	9
丁	15	14	6	6	10
戊	4	10	7	10	9

第一步：首先按照本章所介绍的解决指派问题的步骤，对系数矩阵进行初等变换。

$$\begin{pmatrix} 12 & 7 & 9 & 7 & 9 \\ 8 & 9 & 6 & 6 & 6 \\ 7 & 17 & 12 & 14 & 9 \\ 15 & 14 & 6 & 6 & 10 \\ 4 & 10 & 7 & 10 & 9 \end{pmatrix} \begin{matrix} \min \\ 7 \\ 6 \\ 7 \\ 6 \\ 4 \end{matrix} \rightarrow \begin{pmatrix} 5 & 0 & 2 & 0 & 2 \\ 2 & 3 & 0 & 0 & 0 \\ 0 & 10 & 5 & 7 & 2 \\ 9 & 8 & 0 & 0 & 4 \\ 0 & 6 & 3 & 6 & 5 \end{pmatrix}$$

第二步：变换后得到每一行、每一列都包含0元素的系数矩阵，再进行运算，得到如下结果。

$$\begin{pmatrix} 5 & ◎ & 2 & \phi & 2 \\ 2 & 3 & \phi & ◎ & \phi \\ ◎ & 10 & 5 & 7 & 2 \\ 9 & 8 & ◎ & \phi & 4 \\ \phi & 6 & 3 & 6 & 5 \end{pmatrix}$$

此时，发现变换后的系数矩阵中加圈元素的个数$m=4$，而$n=5$，$m<n$。此时并没有找到最优解，因此需要进行以下步骤继续寻找最优解。

第三步：选择一种方式能够使最少的直线覆盖住所有的0元素，通过这种做直线的方式确定该矩阵中可以找到的最多独立元素的数量。可以按照如下步骤进行。

(1) 对没有独立0元素◎的行打√号。

(2) 对已打√号的行中所有含ϕ元素的列打√号。

(3) 再对已经打√号的列中含◎元素的行打√号。

(4) 重复(2)和(3)，直到得不出新的打√号的行、列为止。

(5) 对没有打√号的行画一条横线，有打√号的列画一条纵线，这就得到覆盖所有0元素的最少直线数。

将直线条数看作L，如果$L<n$，则表示必须继续对目前所形成的矩阵进行变换，这样才能保证后续可以找到n个互相独立的0元素。所以需要转到第四步，若$L=n$，而$m<n$，则应回到第二步，继续采用其他方法进行试探。

此例中，按照第三步进行画盖0线的操作，先在第五行旁边标记√，接着可判断应在第一列下标记√，接着在第三行旁标记√。经检查不再能标记√了。对没有标记√的行画一条直线以覆盖0元素，对已标记√的列画一条直线以覆盖0元素。能够得到下述结果：

$$\begin{pmatrix} \text{-}5\text{-} & ◎\text{-} & \text{-}2\text{-} & \phi\text{-} & \text{-}2\text{-} \\ \text{-}2\text{-} & 3 & \phi & ◎ & \phi \\ ◎ & 10 & 5 & 7 & 2 & √ \\ \text{-}9\text{-} & \text{-}8\text{-} & ◎\text{-} & \phi\text{-} & \text{-}4\text{-} \\ \phi & 6 & 3 & 6 & 5 & √ \\ √ & & & & \end{pmatrix}$$

此时，可以发现直线$L=4<n(5)$，因此需要继续对矩阵进行初等变换，继续进行第四步。此时还需要继续变换系数矩阵是为了增加0元素。

第四步：在上述操作之后得到的系数矩阵中寻找没有被直线覆盖的部分，从没有被直线覆盖的部分中找出最小的元素，并在标记√行的各个元素中减去这个最小的元素，同时在标记√列的各个元素中加上这个最小的元素，可以保证原本的0元素不变。经过上述操作后即可获得一个新的系数矩阵，该新系数矩阵的最优解和原问题的最优解是相同的。如果此时可以获得n个独立的0元素，那么就已经得到了最优解，否则需要回到第三步重新求解。

矩阵中,在没有被直线覆盖的行(第三、五行)中找到最小元素2,如下所示。

$$\begin{pmatrix} 5 & ◎ & 2 & \phi & 2 \\ 2 & 3 & \phi & ◎ & \phi \\ ◎ & 10 & 5 & 7 & 2 \\ 9 & 8 & ◎ & \phi & 4 \\ \phi & 6 & 3 & 6 & 5 \end{pmatrix} \begin{matrix} \\ \\ \checkmark \\ \\ \checkmark \end{matrix}$$

然后第三、五行各元素分别减去2,第一列各元素分别加2,得到新矩阵。按第二步,找出所有独立的0元素,得到如下矩阵:

$$\begin{pmatrix} 5 & 0 & 2 & 0 & 2 \\ 2 & 3 & 0 & 0 & 0 \\ -2 & 8 & 3 & 5 & 0 \\ 9 & 8 & 0 & 0 & 4 \\ -2 & 4 & 1 & 4 & 3 \end{pmatrix} \begin{matrix} \\ \checkmark \\ \\ \checkmark \\ \\ \checkmark \end{matrix} \Rightarrow \begin{pmatrix} 7 & 0 & 2 & 0 & 2 \\ 4 & 3 & 0 & 0 & 0 \\ 0 & 8 & 3 & 5 & 0 \\ 11 & 8 & 0 & 0 & 4 \\ 0 & 4 & 1 & 4 & 3 \end{pmatrix}$$

标记√的行先减去最小元素2,同时标记√的列加上最小元素2:

$$\begin{pmatrix} 7 & 0 & 2 & 0 & 2 \\ 4 & 3 & 0 & 0 & 0 \\ 0 & 8 & 3 & 5 & 0 \\ 11 & 8 & 0 & 0 & 4 \\ 0 & 4 & 1 & 4 & 3 \end{pmatrix} \Rightarrow \begin{pmatrix} 7 & ◎ & 2 & \phi & 2 \\ 4 & 3 & \phi & ◎ & 0 \\ \phi & 8 & 3 & 5 & ◎ \\ 11 & 8 & ◎ & \phi & 4 \\ ◎ & 4 & 1 & 4 & 3 \end{pmatrix}$$

矩阵已具有n个独立0元素,这就得到了最优解,相应的解矩阵为

$$\begin{pmatrix} 0 & 1 & 0 & 0 & 0 \\ 0 & 0 & 0 & 1 & 0 \\ 0 & 0 & 0 & 0 & 1 \\ 0 & 0 & 1 & 0 & 0 \\ 1 & 0 & 0 & 0 & 0 \end{pmatrix}$$

完成以上步骤之后,能够根据矩阵得出最佳的指派方案:甲—B,乙—D,丙—E,丁—C,戊—A,最佳方案所需总时间为min$z$=32小时。也可以得到另一种较优指派方案:甲—B,乙—C,丙—E,丁—D,戊—A。

需要进一步说明的是,指派问题可能出现多重解。当指派问题的系数矩阵经过变换得到同行和同列中都有两个或两个以上0元素时,可以任选一行(列)中某一个0元素,再删去同行(列)的其他0元素,这时会出现多重解。

思考题

1. 当指派问题通过第一步和第二步无法找到最优解时，应该如何继续寻求最优解？步骤是什么？

2. 当指派问题形成的系数矩阵阶数较大时，按照匈牙利法，求解中可能会出现哪些问题？如果结合计算机技术，应怎样寻求最优解？

第12章 层次分析法

本章学习目标

- 了解多准则决策问题的通用解决方法。
- 掌握层次分析法的定义和步骤。
- 运用实例说明层次分析法的应用。

12.1 多准则决策

12.1.1 多准则决策的定义

多准则决策(multi-criteria decision making,MCDM)或多属性决策是指在相互冲突、不可同时存在的有限(无限)方案中进行选择的决策,是解决非结构性问题的重要方法,也是决策理论的重要内容之一。

多准则决策适用于在寻找全局最优解时,决策者需要考虑多重标准的情况。例如,一家公司选择新厂房的建造地点,由于不同地点的土地成本和施工费用不同,选择最优地点的决策标准之一是与建厂房相关的成本。如果成本是管理者关注的唯一标准,那么管理者就可以简单地通过最小化土地成本和施工费用之和选择地点了。但是,在做任何决定之前,管理者还需要考虑其他标准,例如,从厂房到公司配送中心的交通是否便利,所选地点在招聘和留住员工方面是否有吸引力,所选地点的能源成本,以及国家和当地的税率。在这样的情况下,问题的复杂性就增大了,因为一个地点在某种标准下可能更有优势,但在其他的一种或多种标准方面可能又不是很让人满意。

与常规方法相比,多准则决策的特点如下。

(1) 可进行多个项目的评判、排队和最优选择。

(2) 对一个项目进行研究时,每个影响因素都以对这个项目的影响最大化准则对待,并对影响因素进行一系列的信息加工和提取,给各个影响因素的重要性赋予权重。

(3) 将项目评估表看作一个决策判断矩阵,然后采用多种决策判别方法将信息组合成一个分析机理性强的动态分析系统，进而借助现代化的计算机技术快速完成信息加工。还可以组织决策会议，快速反映决策参与人的意见，利于形成一致性观点。

12.1.2 多准则决策的应用假设

多准则决策产生于决策者面临至少两个选择时。决策者评判某一个备选方案时需要考虑几个目标，通常不会有一个方案能满足所有目标或全面优于其他方案，每个方案都会在不同水平上满足决策目标，所以决策者必须做出取舍。多准则决策的应用需要基于几个基本假设：

(1) 决策者是在有限的资源条件下做出决策，不是所有备选方案都能够被采纳，选择一个方案而放弃另一个方案必定会带来机会成本；

(2) 决策者的目标是在其个人的自由裁量权之内设定的，而不是由伦理学或经济学的理论规范所决定的；

(3) 决策者可以对准则赋权重，对备选方案进行评分，并从准则的多个角度来描述备选方案；

(4) 决策者可以通过设定准则的权重对不同备选方案打分并排序。

12.1.3 通用解决方法

为解决多准则决策问题，可以使用目标规划法、评分模型、层次分析法等。目标规划法主要用于在线性规划框架内解决多准则决策问题的情形，当分析人员采用普通的线性规划法无法找到可行解的时候，就可以使用目标规划法。根据一些约束条件重新构建一个含有偏差变量的目标方程，可以使偏差变量的加权总和最小化，往往会得出一个合理的解。评分模型是一种相对比较容易的确定多目标问题最优解的方法，处理多准则决策问题时，如果要找出最佳决策方案，计分模型是一种相对比较快捷、简便的方法。层次分析法允许使用者对多个方案进行两两比较以及在各种决策方案中进行一系列两两比较，以得到各种决策方案的优先级排序。

多准则决策问题的通用解决方法如下。

(1) 将评价标准1、评价标准2、……、评价标准n归纳为一个新的评价标准，即综合评价标准，然后将其最大值作为决策标准，进行最优决策。

综合评价标准=评价标准1的重要系数×评价标准1+评价标准2的重要系数×评价标准2+……+评价标准n的重要系数×评价标准n

(2) 将评价标准1以外的所有评价标准都视为约束条件，也就是说评价标准2~n分别取可妥协的最小值，只有评价标准1为最大值。

12.2 层次分析法的定义及应用

12.2.1 层次分析法的定义

层次分析法(analytic hierarchy process，AHP)是指将与决策相关的元素分解成目标、准则、方案等层次，在此基础之上进行定性和定量分析的决策方法。该方法是美国运筹学家匹茨堡大学教授萨蒂于20世纪70年代初，为美国国防部研究"根据各个工业部门对国家福利的贡献大小而进行电力分配"课题时，基于网络系统理论和多目标综合评价方法提出的。

采用层次分析法时，根据问题的性质和要达到的总目标，将问题分解为不同的组成因素，并按照因素的相互关联、影响及隶属关系将因素按不同层次聚集、组合，形成一个多层次的分析结构模型，从而把问题简化为最低层(供决策的方案、措施等)相对于最高层(总目标)的相对重要性权值的确定或相对优劣次序的排定。层次分析法是一种对定性问题进行定量分析的多准则评价方法，把复杂问题按属性等可衡量标准之间的逻辑关系逐层分解，形成层次结构。该方法对决策过程中使用的几种相互冲突的标准的相对权重进行量化。

权重反映利益相关者对不同准则的偏好，可以把不同准则上的得分整合为一个"总价值"，通过不同的方法获得权重。评分和赋权重通常都是由利益相关者、决策者来完成的。必须明确利益相关者的偏好与需要决策的问题是相关的，决策的结果与所采取的评分和赋权重方式关系较大。

层次分析法的应用范围十分广泛，可以应用于能源政策与资源分配、经济计划制订、人力资源管理、项目评价、环境工程、教育发展、医疗卫生、企业经营决策等诸多领域，且每个领域中有不同的应用。

12.2.2 层次分析法的优点和缺点

在运用层次分析法时，如果所选的要素不合理，其含义不明确，或要素间的关系不正确，都会降低结果质量，甚至导致决策失败。为保证递阶层次结构的合理性，需要把握以下原则：简化问题时应把握主要因素，保证不漏、不多；应注意各要素之间的强度关系，相差太悬殊的要素不能在同一层次比较。在运用时，应注意层次分析法的优点和缺点。

1. 层次分析法的优点

(1) 系统性：层次分析法把研究对象作为一个系统，通过分解、比较、判断、综合进行决策，成为继机理分析、统计分析之后发展起来的系统分析的重要工具。系统性即不割断各个因素对结果的影响，而层次分析法中每个层次的权重设置最后都会直接或间接影响结果，而且每个层次中的每个因素对结果的影响程度都是可量化的，非常清晰、明确。层次分析法尤其适用于对无结构特性系统的评价，以及多目标、多准则、多时期等系统的评价。

(2) 简洁、实用：层次分析法既不单纯追求高深数学，又不片面地注重行为、逻辑、推理，而是把定性方法与定量方法有机地结合起来，对复杂的系统进行分解，将人们的思维过程数字化、系统化，能把多目标、多准则且难以全部量化处理的决策问题化解为多层次单目标问题，通过两两比较确定同一层次元素与上一层次元素的数量关系，最后进行简单的数学运算。层次分析法的计算简便，并且所得结果简单、明确，容易被决策者了解和掌握。

(3) 所需定量数据信息较少：层次分析法主要是从评价者对问题的本质和对要素的理解出发，比一般的定量方法更讲究定性的分析和判断。层次分析法是一种模拟人们决策过程的思维方式的方法，模拟人脑判断各要素的相对重要性的步骤，能处理许多用传统的最优化技术无法解决的实际问题。

2. 层次分析法的缺点

(1) 不能为决策提供新方案。层次分析法的作用是从备选方案中选择较优者。在应用层次分析法的时候，可能会有这样一个情况，就是管理者或管理团队的创造力不够，尽管能在众多方案中选择一个最好的方案，但其效果可能仍然不够理想。对于大部分决策者来说，如果一种分析工具能代替大脑找到已知方案里的最优者，然后指出已知方案的不足，甚至能再提出改进方案，这种分析工具才是比较完美的。但显然，层次分析法还不能做到这点。

(2) 定量数据较少，定性成分多，不易令人信服。一般认为一门科学需要比较严格的数学论证和完善的定量方法，但现实中人脑考虑问题时并不能简单地用数字来说明一切。层次分析法是一种模拟人脑的决策过程的方法，因此必然带有较多的定性色彩。

(3) 指标过多时，数据统计量大，且权重难以确定。当面对较复杂的问题时，指标的选取数量很可能也随之增加。指标的增加意味着要构造层次更深、数量更多、规模更庞大的判断矩阵，那么就需要对许多指标进行两两比较的工作。一般情况下，层次分析法的两两比较是用1~9来说明其相对重要性，如果有较多的指标，则对每两个指标的相对重要程度的判断可能就比较困难，甚至会对层次单排序和总排序的一致性产生影响，使一致性检验不能通过，进而需要调整，而在指标数量过多时比较难调整。

(4) 特征值和特征向量的精确求法比较复杂。在判断矩阵的特征值和特征向量时，所用的方法和多元统计所用的方法是一样的。二阶、三阶矩阵还比较容易处理，但随着指标的增加，矩阵阶数也随之增加，计算也变得越来越困难。要避免这个缺点，通常采用近似计算的方法来解决，如求和法、幂法，还有一种常用方法是根法。

12.2.3 层次分析法的步骤

层次分析法的基本思路是将所要分析的问题层次化，根据问题的性质和所要达成的总目标，将问题分解为不同的组成因素，并按照这些因素之间的影响及隶属关系对其进行凝聚、组合，形成一个多层次分析结构模型，最后对问题进行优劣比较及排列。层次分析法的具体操作步骤包括建立层次结构模型，创建两两比较矩阵，层次单排序(计算权向量)及一致性检验，计算总排序权向量并做一致性检验，最后计算综合优先级排名。

1. 步骤1：建立层次结构模型

层次分析法的第一步是以模型图的方式将决策的目标、考虑的因素(决策准则)和决策方案按照它们之间的关系分为最高层、中间层和最低层，绘出层次结构图。这样一个模型图描述了问题的层次。决策者应具体地评判每个标准对实现总体目标的重要性，按标准计算每个决策方案的偏好。运用数学方法综合得出有关标准的相对重要性以及对决策方案偏好的信息，得到决策方案的优先级综合排序，从而在不同的方案中做出选择或形成方案。

【例12-1】 如何在三个旅游地中根据景色、费用、居住、饮食、旅途等因素选择目的地(见图12-1)。

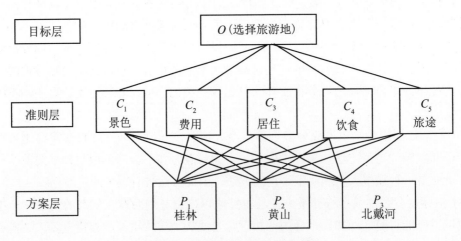

图12-1 旅游地选择层次结构模型

2. 步骤2：创建两两比较矩阵

两两比较矩阵是一个由一系列两两比较产生的包含偏好或相对重要性等级的矩阵，即不把所有因素放在一起比较，而是两两相互比较。比较时采用相对程度，尽可能减少性质不同的因素相互比较的难度，以提高准确度。两两比较是层次分析法的基石。

在给每个标准确定优先级时，决策者依次比较两个标准，得出每个标准相对其他标准的重要性。在每一次的比较中，决策者必须找出一个相对重要的标准，并判断所选标准的重要程度。矩阵的行和列均为要比较的方案，矩阵中的数值表示所在行的方案相对于所在列的方案的重要程度得分。得分按表12-1所示规则给出。

表12-1 两两比较矩阵评分规则

得分	含义
9	表示两个因素相比，一个因素比另一个因素极端重要
7	表示两个因素相比，一个因素比另一个因素强烈重要
5	表示两个因素相比，一个因素比另一个因素明显重要
3	表示两个因素相比，一个因素比另一个因素稍微重要
1	表示两个因素相比，具有同样的重要性
2、4、6、8	上述两相邻判断的中值
倒数	第二个因素的重要程度高于第一个因素时使用倒数

两两比较矩阵中可以使用2、4、6、8这4个中间数字。当第二个因素的重要程度高于第一个因素时，可以使用重要性等级的倒数，如1/9、1/8等。在将决策方案与其自身进行比较时，得分为1。如上所述，层次分析法的灵活性能够适应每个单独决策者的独特偏好。

3. 步骤3：层次单排序(计算权向量)及一致性检验

对应判断矩阵最大特征根λ_{max}的特征向量，经归一化(使向量中各元素之和等于1)后记为ω。ω元素为同一层次因素相对于上一层次某因素重要性的排序权值，这一过程称为层次单排序。能否确认层次单排序，需要进行一致性检验，即对比较矩阵A确定不一致的允许范围。

层次分析法的关键步骤是两两比较的过程，其中需要格外注意的是决策者做两两比较的一致性。例如，如果标准A相比标准B的数值等级为3，且标准B相比标准C的数值等级为2，若比较完全一致，那么标准A相比标准C的数值等级就应为3×2=6。如果决策者设置标准A相比标准C的数值等级为4或5，那么两两比较中就存在不一致了。两两比较的次数很多的时候，完全一致是很难做到的。事实上，几乎所有的两两比较都会存在一定程度的不一致。为了处理一致性问题，层次分析法提供了一种方法来测量决策者做两两比较时的一致性程度。如果一致性程度达不到要求，决策者应该在实施此方法前重新审核并修改两两比较的标准。

定理1：n阶一致阵的唯一非零特征根为n。

定理2：n阶正互反阵A的最大特征根$\lambda \geq n$。当且仅当$\lambda=n$时，A为一致阵。

由于λ连续地依赖于a_{ij}，则λ比n大得越多，A的不一致性越严重。用最大特征值对应的特征向量作为被比较因素对上层某因素影响程度的权向量，其不一致程度越大，引起的判断误差越大。因而可以用$\lambda-n$数值的大小来衡量A的不一致程度。

定义一致性指标：

$$C_I = \frac{\lambda_{max} - n}{n-1}$$

式中，$C_I=0$，有完全的一致性；C_I接近0，有满意的一致性；C_I越大，不一致越严重。为衡量C_I的大小，引入随机一致性指标R_I。

定义一致性比率：

$$C_R = C_I / R_I$$

随机一致性指标R_I见表12-2。

表12-2 随机一致性指标R_I

n	1	2	3	4	5	6	7	8	9	10	11
R_I	0	0	0.58	0.90	1.12	1.24	1.32	1.41	1.45	1.49	1.51

层次分析法测量比较矩阵一致性的方法是计算一致性比率。如果一致性比率C_R大于0.10，则表明在比较矩阵判断中存在不一致。如果一致性比率C_R小于或等于0.10，那么比较矩阵的一致性就较合理，可以继续做层次分析的综合计算。若检验通过，则特征向量(归一化后)即为权向量；若检验不能通过，则需要重新构造比较矩阵。

计算例12-1选择旅游地中准则层对目标的权向量并进行一致性检验。

准则层对目标的对比矩阵 $A = \begin{bmatrix} 1 & 1/2 & 4 & 3 & 3 \\ 2 & 1 & 7 & 5 & 5 \\ 1/4 & 1/7 & 1 & 1/2 & 1/3 \\ 1/3 & 1/5 & 2 & 1 & 1 \\ 1/3 & 1/5 & 3 & 1 & 1 \end{bmatrix}$

最大特征根：$\lambda = 5.073$

权向量(特征向量)：$w = (0.263, 0.475, 0.055, 0.090, 0.110)^T$

一致性指标：$C_I = \dfrac{5.073 - 5}{5 - 1} = 0.018$

随机一致性指标：$R_I = 1.12$(查表12-2可得)

一致性比率：$C_R = 0.018/1.12 = 0.016 < 0.1$

所以通过一致性检验。

4. 步骤4：计算总排序权向量并做一致性检验

计算某一层次所有因素相对于最高层(总目标)重要性的权值，称为层次总排序，这一过程是从最高层到最低层依次进行的，如图12-2所示。

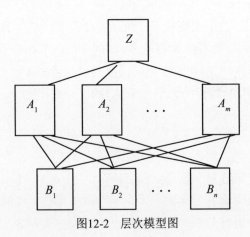

图12-2 层次模型图

A层m个因素$A_1, A_2, \cdots, A_m$对总目标Z的排序为$a_1, a_2, \cdots, a_m$。

B层n个因素对上层A中因素为A_j的层次单排序为$b_{1j}, b_{2j}, \cdots, b_{nj}$ $(j=1,2,\cdots,m)$。

B层的层次总排序为

$B_1 : a_1b_{11} + a_2b_{12} + \cdots + a_mb_{1m}$
$B_2 : a_1b_{21} + a_2b_{22} + \cdots + a_mb_{2m}$
$$\vdots$$
$B_n : a_1b_{n1} + a_2b_{n2} + \cdots + a_mb_{nm}$

即B层第i个因素对总目标的权值，见表12-3(影响加和)。

表12-3 B层的层次总排序

B	$A_1, A_2, \cdots, A_m$ $a_1, a_2, \cdots, a_m$			B层的层次总排序
B_1	b_{11}	b_{12}	b_{1m}	$\sum_{j=1}^{m} a_j b_{1j} = b_1$
B_2	b_{21}	b_{22}	b_{2m}	$\sum_{j=1}^{m} a_j b_{2j} = b_2$
$\vdots$	$\vdots$	$\vdots$	$\vdots$	$\vdots$
B_n	b_{n1}	b_{n2}	b_{nm}	$\sum_{j=1}^{m} a_j b_{nj} = b_n$

5. 计算综合优先级排名

层次分析法的最后一步是将所建立的决策方案关于每个标准的优先级与反映标准本身重要性的优先级相乘，将乘积相加即可得到每个决策方案的综合优先级。

层次总排序的一致性检验：设B层对上层(A层)中因素的层次单排序一致性指标为CI_j，随机一致性指标为RI_j，则层次总排序的一致性比率为

$$C_R = \frac{a_1 CI_1 + a_2 CI_2 + \cdots + a_m CI_m}{a_1 RI_1 + a_2 RI_2 + \cdots + a_m RI_m}$$

当$C_R<0.1$时，认为层次总排序通过一致性检验。层次总排序具有满意的一致性，否则需要重新调整那些一致性比率高的判断矩阵的元素取值。最后，根据最下层(决策层)的层次总排序做出最后决策。

12.2.4 层次分析法实例

【例12-2】众所周知，很多地区夏天酷暑难耐，空调无疑成为人们必不可少的"降温神器"，夏天不能没有空调。然而，空调的品牌越来越多，功能也各不相同，人们在购买时会遇到一个难题——如何选择一款合适的空调？

当然，空调的选择要考虑各方面的因素，如空调的价格、性能、品牌等。下面就用层次分析法对三大空调品牌进行分析，为消费者提供一种决策方案。选购的准则有空调的品

牌信誉、产品技术、性能指标、经销商和价格。三大空调品牌分别为G牌、H牌、M牌。

1. 建立层次结构模型图

根据上述选购准则建立层次模型图，如图12-3所示。

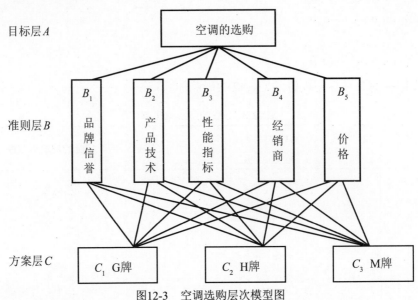

图12-3　空调选购层次模型图

2. 构造判断矩阵并赋值

根据递阶层次结构构造判断矩阵。

构造判断矩阵的方法：每一个具有向下隶属关系的元素(被称作准则)作为判断矩阵的第一个元素(位于左上角)，隶属于它的各个元素依次排列在其后的第一行和第一列。

填写判断矩阵的方法：向填写人(专家)反复询问，针对判断矩阵的准则，对比两个元素的相对重要程度，按表12-1赋值。

设填写后的判断矩阵为$A=(a_{ij})_{n\times n}$，则判断标准满足如下性质：

- $a_{ij}>0$
- $a_{ji}=\dfrac{1}{a_{ij}}(i,j=1,2,3,\cdots,n)$
- $a_{ij}=1$

根据上面的性质可知判断矩阵具有对称性，因此在填写时，通常先填写$a_{ij}=1$的部分，然后判断及填写上三角形或下三角形的$n(n-1)/2$个元素就可以了。

在特殊情况下，判断矩阵具有传递性，则满足等式：

$$a_{ij}\times a_{jk}=a_{ik}$$

当上式对判断矩阵所有元素都成立时，则称该判断矩阵为一致性矩阵。

构造判断矩阵并赋值，填写后的判断矩阵如下。

目标层A的判断矩阵如下：

A	B_1	B_2	B_3	B_4	B_5
B_1	1	1/3	1/5	5	3
B_2	3	1	1/2	3	3
B_3	5	2	1	7	5
B_4	1/5	1/3	1/7	1	1
B_5	1/3	1/3	1/5	1	1

准则层 B 的各类准则判断矩阵如下：

B_1	C_1	C_2	C_3
C_1	1	3	1
C_2	1/3	1	1/5
C_3	1	5	1

B_2	C_1	C_2	C_3
C_1	1	2	1
C_2	1/2	1	1/3
C_3	1	3	1

B_4	C_1	C_2	C_3
C_1	1	4	1
C_2	1/4	1	1/2
C_3	1	2	1

B_5	C_1	C_2	C_3
C_1	1	3	1/3
C_2	1/3	1	1
C_3	1/3	1	1

B_5	C_1	C_2	C_3
C_1	1	5	2
C_2	1/5	1	1/3
C_3	1/2	3	1

3. 层次单排序(计算权向量)与检验

对于赋值后的判断矩阵，利用一定数学方法进行层次排序。

层次单排序是指每一个判断矩阵各因素针对其准则的相对权重，所以本质上是计算权向量。用求和法计算权向量，对于一致性判断矩阵，每一列归一化后就是相应的权重。对于非一致性判断矩阵，每一列归一化后近似其相应的权重，对这 n 个列向量求取算术平均值作为最后的权重。

将矩阵各列归一化：矩阵 A 第一列的和为 9.533，第二列的和为 4，第三列的和为 2.043，第四列的和为 17，第五列的和为 13，则得到如下矩阵：

A	B_1	B_2	B_3	B_4	B_5
B_1	0.105	0.083	0.098	0.294	0.231
B_2	0.315	0.250	0.244	0.176	0.231
B_3	0.524	0.500	0.490	0.412	0.384
B_4	0.021	0.083	0.070	0.059	0.077
B_5	0.035	0.084	0.098	0.059	0.077

将矩阵各行求和，得到如下结果(即矩阵V):

B_1	0.811
B_2	1.216
B_3	2.310
B_4	0.310
B_5	0.353

再进行归一化，上述矩阵V列的和为5：

B_1	0.162
B_2	0.243
B_3	0.462
B_4	0.062
B_5	0.071

即得到准则层权重，即为矩阵W。

然后进行一致性检验：

$$A_W = \begin{bmatrix} 1 & 1/3 & 1/5 & 5 & 3 \\ 3 & 1 & 1/2 & 3 & 3 \\ 5 & 2 & 1 & 7 & 5 \\ 1/5 & 1/3 & 1/7 & 1 & 1 \\ 1/3 & 1/3 & 1/5 & 1 & 1 \end{bmatrix} \begin{bmatrix} 0.162 \\ 0.243 \\ 0.462 \\ 0.062 \\ 0.071 \end{bmatrix} = \begin{bmatrix} x_1 \\ x_2 \\ x_3 \\ x_4 \\ x_5 \end{bmatrix}$$

则$x_1 = 0.8584$，$x_2 = 1.359$，$x_3 = 2.547$，$x_4 = 0.3124$，$x_5 = 0.3604$。

$$\lambda_{max} = \frac{1}{5}\left(\frac{x_1}{0.162} + \frac{x_2}{0.243} + \frac{x_3}{0.462} + \frac{x_4}{0.062} + \frac{x_5}{0.071}\right) = 5.30$$

再计算一致性指标：

$$C_I = \frac{\lambda_{max} - n}{n-1} = \frac{5.30 - 5}{5 - 1} = 0.075$$

查表12-2确定相应的平均随机一致性指标R_I，再计算一致性比例C_R：

$$C_R = \frac{C_I}{R_I} = \frac{0.075}{1.12} = 0.06$$

由于$C_R < 0.01$，所以认为判断矩阵的一致性是可以接受的。

同理可得准则层B的各类准则(B_1、B_2、B_3、B_4、B_5)经归一化求权重后和一致性检验后的一致性比例的结果如表12-4～表12-8所示。

表12-4　B_1的单排序权值

B_1	单排序权值
C_1	0.405
C_2	0.115
C_3	0.480
C_R	0.014

表12-5　B_2的单排序权值

B_2	单排序权值
C_1	0.387
C_2	0.170
C_3	0.443
C_R	0.008

表12-6　B_3的单排序权值

B_3	单排序权值
C_1	0.620
C_2	0.220
C_3	0.160
C_R	0.053

表12-7　B_4的单排序权值

B_4	单排序权值
C_1	0.600
C_2	0.200
C_3	0.200
C_R	0.000

表12-8　B_5的单排序权值

B_5	单排序权值
C_1	0.580
C_2	0.110
C_3	0.310
C_R	0.003

根据以上结果可以看出C_R的值均小于0.10，所以认为各准则层的判断矩阵的一致性是可以接受的。

4. 层次总排序与检验

方案层单排序权值分别与对应准则层权值相乘后再相加，即可得到总排序权值。

层次总排序权值如表12-9所示。

表12-9　层次总排序权值

准则		品牌信誉	产品技术	性能指标	经销商	价格	总排序权值
准则层权值		0.162	0.243	0.462	0.062	0.071	
方案层单排序权值	G牌	0.405	0.387	0.620	0.600	0.580	0.524
	H牌	0.115	0.170	0.220	0.200	0.110	0.182
	M牌	0.480	0.443	0.160	0.200	0.310	0.294

然后对层次总排序进行一致性检验，检验公式为

$$C_R = \frac{\sum_{j=1}^{m} C_I(j) a_j}{\sum_{j=1}^{m} R_I(j) a_j}$$

计算结果为C_R=0.03。

可以看出，总排序的C_R<0.1，认为判断矩阵的整体一致性是可以接受的。

分析结果：通过对以上层次单排序和总排序的分析，从方案层总排序的结果来看，人们购买G牌空调的偏好大于购买H牌和M牌空调的偏好，即人们倾向于购买G牌空调。

12.3 层次分析法的进一步探讨

经过多年的发展，层次分析法衍生出改进的层次分析法、区间层次分析法、模糊层次分析法、可拓模糊层次分析法、灰色层次分析法和改进的模糊层次分析法等，根据实际情况，这些方法各有其适用的范围。

层次分析法主要应用于安全科学和环境科学领域。在安全科学领域，层次分析法主要应用于煤矿安全研究、危险化学品评价、油库安全评价、城市灾害应急能力研究及交通安全评价等；在环境科学领域，层次分析法主要应用于水安全评价、水质指标和环境保护措施研究、生态环境质量评价指标体系研究及水生野生动物保护区污染源确定等。

改进的层次分析法、模糊层次分析法和可拓模糊层次分析法都是针对判断矩阵不好确定的情况，通过改进判断标度来帮助决策者更加容易地构建质量好的判断矩阵；灰色层次分析法则将灰色系统理论和层次分析法相结合，使灰色系统理论贯穿建立模型、构造矩阵、权重计算和结果评价的整个过程。改进的层次分析法是指利用层次分析法的原理建立综合评价模型，然后提出新的指数标度或评价方法。区间层次分析法是指确定指数标度时采用与传统层次分析法不一样的互反性标量化方法。模糊层次分析法是将层次分析法和模糊综合评价结合起来，使用层次分析法确定评价指标体系中各指标的权重，用模糊综合评价方法对模糊指标进行评定。模糊层次分析法近年来在安全和环境研究中应用广泛，应用于煤矿安全评价、矿井安全管理、重大危险源研究、地铁火灾事故研究、桥梁安全性能研究、机械安全性研究和水环境质量评价等。改进的模糊层次分析法是指运用模糊一致性矩阵与其权重的关系构造评价模型，然后采用基于实数编码的遗传算法求解该模型，得到评价指标的排序权重。

课后习题

习题答案

1. 什么是层次分析法？层次分析法应用于什么问题的分析与决策？

2. 一个高中生正在考虑选择表12-10所示4所大学中的一个，并且列出了8种标准以及标准的权重和学校的等级，应建议此高中生选择哪所大学呢？

表12-10　4所大学的评分标准及权重

标准	权重	大学			
		A大学	B大学	C大学	D大学
学校声望	3	8	6	7	5
学生人数	4	3	5	8	7
平均班级规模	5	4	6	8	7
花费	5	5	8	3	6
到家距离	2	7	8	7	6
体育项目	4	9	5	4	6
住宿条件	4	6	5	7	6
校园环境	3	5	3	8	5

3. 思考创新型河北的评价应如何开展？如果评价河北省所有地市的创新能力，根据表12-11所示一级指标和二级指标列举三级指标。

表12-11　创新能力一级指标和二级指标

一级指标	二级指标
1. 创新基础	1.1 创新投入
	1.2 创新平台和载体
2. 创新主体	2.1 创新规模
	2.2 企业创新
3. 创新环境	3.1 基础环境
	3.2 人才环境
4. 创新绩效	4.1 创新产出
	4.2 经济产出

案例

案例分析

神火集团安全文化建设能力评价

河南神火集团有限公司(以下简称神火集团)是一家上市公司，总部在河南省商丘市，是以煤炭、发电、电解铝生产及产品深加工为主的大型企业集团，集团现有总资产406亿元，员工36 000人，拥有十余家全资、控股、参股企业，分布于河南、新疆、深圳、上海等省(区市)，以及澳大利亚等地。神火集团被评为中国企业500强、河南省百户重点企业、河南省重点扶持的7家煤炭骨干企业及7家铝加工企业、河南省第一批循环经济试点企业等,是河南省的龙头企业。神火集团的子公司河南神火煤电股份有限公司(神火股份)于1999年在深交所挂牌上市。

1. 神火集团安全文化建设现状

神火集团作为以从事煤炭开采、洗选加工、经营为主的企业,自开展安全文化建设,着力推进安全管理升级以来,政工部门找到了参与企业管理的切入点和突破口,安全绩效节节攀升,企业已实现连续安全生产1862天,连年荣获国家安康杯竞赛优胜单位和全国文明单位称号,下属新庄煤矿被中煤政研会授予"五精管理样板矿井"称号,薛湖煤矿和泉店煤矿被国家能源局授予全国"最美矿山"称号,梁北煤矿被省工信厅授予"五优矿井"称号,等等。但是如何科学地评价企业当前安全文化建设能力,以便有重点地提升安全文化建设能力,是困扰企业的一块心病。

在安全文化建设上,神火集团注重发挥党政工团齐抓共管的合力,在形式上不拘一格,在方法上鼓励创新,使安全文化建设始终保持了积极向上的活力和源源不竭的动力。神火集团的安全管理逐步从物质管理上升到精神管理和文化管理的层面,提炼并形成了"文化铸魂、科技支撑、管理创新、系统提升"的安全管理理念,促使全员从"要我安全"到"我要安全"。

(1) 创新方法,完善安全管理体系,规范员工安全行为。

神火集团积极开展"矿井生产现场达标"整治活动,以矿井生产现场管理精细化、工程质量标准化、生产现场卫生清洁化、员工行为规范化、设备和物料定置化、岗位操作程序化等"六化"建设为目标,打造井下"灯光柔和、空气清新、音乐悦耳、环境怡人"的工作平台,不断提升矿井安全保障能力和安全管理水平。神火集团健全机制,强力推进"两述一检"安全确认法,组织编印了《手指口述操作手册》,还不断创新安全管理方法,实施了三违申诉制度、收购制度和安全保证金制度,在全公司建立起"三违"和"事故"档案,推行了安全账户制度,将安全结构工资在员工收入中所占的比例由以前的10%提高到40%。一系列行之有效的安全管理手段使员工安全意识不断提高,各种事故率大幅度下降,进一步夯实了安全管理基础,为打造本质安全型矿井起到了重要的推动作用。

(2) 完善制度,注重控制考核落实,认真执行安全制度。

神火集团制定了安全技术措施、安全生产事故报告与分析制度、瓦斯检查、一通三防等管理制度,在制度的落实上做足了文章,着重强化了安全教育与培训制度的执行力度,每月逢3、6、9进行安全大检查,包括机电检查、一通三防检查,并通过全员安全培训、考核发证、持证上岗等一系列措施,增强全员的安全制度执行意识。同时,通过完善安全办公会议、一班三汇报等系列管理制度,建成系统、完善的安全制度文化体系;通过强化执行意识、加大监督与考核力度,营造一种安全文化氛围,把认真执行安全制度、严格履行安全规程变成全员的自觉行为。

(3) 丰富内涵,创新宣贯与引导形式,积极培育"安全第一"的理念。

神火集团注重从精神上进行引导教化、宣贯渗透,定期组织开展事故案例教育及展览、安全演讲比赛、安全警句征集、安全承诺签名、入井前宣誓、"三违"过六关帮教、安全亲情教育、安全协管、"两网一岗"等内容丰富、形式多样的安全帮教活动,每年都编印员工安全日历、发放安全教育扑克、录制话说"三违"教育片,坚持用亲情感化、教育培训方法提高员工的安全意识,引导职工按章作业。在办好各类人员安全生产知识培训班的同时,使广大干部职工真正认识违章的危害及严重后果,强化了安全意识,真正在矿区内营造"安全连着你我他,搞好安全靠大家"的安全文化氛围。

(4) 提炼并形成特色安全理念。

神火集团在认真总结以往管理经验的基础上,通过问卷调查和反复讨论,确立了"平安神火、幸福家园"的安全目标愿景、"安全为天,生命至上"的安全方针、"狠严细实快,三尽四不推"的安全作风等安全理念,确立了涵盖每名员工的安全目标愿景的体系。各厂、矿也分别建立了各具特色的安全理念系统,在工业广场、井下巷道、硐室、澡堂走廊、井口等候室等公共场所布置了大量能体现人文关怀的安全警句、理念牌板、安全生产警示灯箱、安全漫画等宣传设施,使职工抬头能见、侧耳能听。目前神火集团的安全理念已经深入人心,成为全体职工共同的行为准则和价值观。

(5) 加大投入,提高质量标准化和自动化水平。

神火集团以争创"五优"矿井为抓手,在各厂、矿全面推进质量标准化建设,井下各头、面、线均实现了动态达标。以薛湖矿和薛湖选煤厂为试点在全公司开展了自动化普及工作,大量使用煤炭生产、安全、监测监控、机电运输等方面的先进技术和设备,减少了人员使用,系统运行有了更高的安全保障,确保了安全生产。加大硬件、软件建设,不断向先进设备、先进科技要安全,配备井下人员定位系统,使用地面制冰设施降温,提高综采综掘设备比例,投入使用彩色调度大屏幕等,不断完善、夯实基础设施建设。努力打造安全文化理念的物化宣传阵地,积极营造浓厚的安全文化氛围,丰富"设施是基础"的安全物态文化。

2. 评价指标体系的构建和评价方法的选择

评价指标体系的内容一定要全面,应涵盖公司安全文化建设的各个纬度,要能够如实地全面反映公司安全文化建设现状和水平。运用层次分析法的关键是构造一、二级指标两两比较时的判断矩阵,这可以通过对熟悉安全文化建设的领导、专家、一线班组长等进行调查来实现。指标权重确定后,需要确定模糊关系矩阵的构建方法。确定模糊关系矩阵就是确定各指标的隶属度。隶属度的计算方法有多种,根据公司安全文化建设能力评价指标的定性或模糊性,此处使用等级比重法。等级比重法就是将最低层次的指标设置若干个等级,例如很好、好、较好、一般、差等,请相关人员进行选择,计算每一个等级被选择的比重,该比重可以作为隶属度的近似值。使用等级比重法需要注意两点:一是人数不能太少,因为只有当人数充分多时,等级比重才趋于隶属度;二是参与选择的人员必须对安全文化有相当的了解。通过对神火集团安全文化建设能力的统计、汇总,得到各指标的隶属度,如表12-12所示。

表12-12 各指标隶属度汇总表

目标层	一级指标	二级指标	很好	好	较好	一般	差
A煤矿安全文化	A_1安全行为文化	企业整体安全防控布局(C_{11})	0.4	0.3	0.2	0.1	0
		工作组设置的科学合理性(C_{12})	0.2	0.3	0.4	0.1	0
		基本安全常识的普及程度(C_{13})	0.1	0.2	0.6	0.1	0.1
		安全防护技能训练(C_{14})	0.3	0.3	0.2	0.1	0.1
		紧急情况下安全防护演习(C_{15})	0.2	0.3	0.2	0.2	0.1
	A_2安全制度文化	保证施工安全的科学管理制度(C_{21})	0.2	0.4	0.3	0.1	0
		安全审计、监管机制(C_{22})	0.3	0.3	0.3	0.1	0
		安全规章制度(C_{23})	0.2	0.3	0.4	0.1	0
		安全隐患预控制度(C_{24})	0.1	0.3	0.4	0.1	0.1
		奖励和处罚制度(C_{25})	0.1	0.2	0.3	0.3	0.1
		故障及事故排查制度(C_{26})	0.1	0.2	0.3	0.3	0.1
		明确生产责任制度(C_{27})	0.2	0.3	0.3	0.2	0
		明确安全操作规范(C_{28})	0.2	0.2	0.4	0.1	0.1
	A_3安全观念文化	树立安全价值观(C_{31})	0.1	0.2	0.3	0.2	0.2
		安全第一观(C_{32})	0.1	0.2	0.4	0.2	0.1
		员工遵守安全规范的意愿情况(C_{33})	0.1	0.2	0.3	0.2	0.2
		员工执行安全命令的力度(C_{34})	0.2	0.2	0.3	0.2	0.1
		安全投入的保障状况(C_{35})	0.1	0.1	0.2	0.3	0.3
		员工谨慎工作的态度(C_{36})	0.1	0.2	0.2	0.3	0.2
		员工愿意承担安全责任的程度(C_{37})	0.2	0.2	0.3	0.2	0.1
		员工对安全操作的承诺情况(C_{38})	0.1	0.2	0.2	0.3	0.2
	A_4安全物态文化	员工劳保用品配置情况(C_{41})	0.1	0.2	0.3	0.2	0.2
		机器设备安全运转保障性(C_{42})	0.1	0.3	0.3	0.2	0.1
		员工操作环境达标度(C_{43})	0.1	0.2	0.3	0.2	0.1

通过对神火集团安全文化影响因素权重的汇总、分析，表12-13~表12-17展示了一、二级指标的判断矩阵和权重。

表12-13 安全文化一级指标判断矩阵

A	A_1	A_2	A_3	A_4	权重
A_1	1	1/3	1/4	1/5	0.0729
A_2	3	1	1/2	1/3	0.1699
A_3	4	2	1	1/2	0.2844
A_4	5	3	2	1	0.4728

$C_I=0.0170$　$C_R=0.0190<0.1$

表12-14 安全行为文化判断矩阵

C_1	C_{11}	C_{12}	C_{13}	C_{14}	C_{15}	权重
C_{11}	1	1/2	4	3	44563	0.1981
C_{12}	2	1	4	2	44564	0.2101

续表

C_1	C_{11}	C_{12}	C_{13}	C_{14}	C_{15}	权重
C_{13}	1/4	1/4	1	1/2	44564	0.057
C_{14}	1/3	1/2	2	1	44563	0.1751
C_{15}	2	3	3	2	1	0.3038

$C_I = 0.0204 \quad C_R = 0.0180 < 0.1$

表12-15 安全制度文化判断矩阵

C_2	C_{21}	C_{22}	C_{23}	C_{24}	C_{25}	C_{26}	C_{27}	C_{28}	C_{29}	权重
C_{21}	1	1/5	1/3	1/3	1/2	1/4	1/5	1/3	1/2	0.0337
C_{22}	5	1	1/2	1/2	2	1/2	1/5	1/3	1	0.0706
C_{23}	3	2	1	1/2	2	1/3	1/2	1/5	1/2	0.0676
C_{24}	3	2	2	1	3	1/5	1/5	1/5	1/3	0.0713
C_{25}	2	1/2	1/2	1/3	1	1/5	1/5	1/5	1/5	0.0339
C_{26}	4	2	3	5	5	1	1/2	1/2	1/2	0.1439
C_{27}	5	5	2	5	5	2	1	1/2	1	0.1925
C_{28}	3	3	5	5	5	2	2	1	3	0.2508
C_{29}	2	1	2	3	5	2	1	1/3	1	0.1357

$C_I = 0.0973 \quad C_R = 0.0667 < 0.1$

表12-16 安全观念文化判断矩阵

C_3	C_{31}	C_{32}	C_{33}	C_{34}	C_{35}	C_{36}	C_{37}	C_{38}	权重
C_{31}	1	1/5	1/3	1/3	1/2	1/4	1/5	1/3	0.0365
C_{32}	5	1	1/2	1/2	2	1/2	1/5	1/3	0.044
C_{33}	3	2	1	1/2	2	1/3	1/2	1/5	0.0928
C_{34}	3	2	2	1	3	1/5	1/5	1/5	0.1034
C_{35}	2	1/2	1/2	1/3	1	1/5	1/5	1/5	0.2694
C_{36}	4	2	3	5	5	1	1/2	1/2	0.1124
C_{37}	5	5	2	5	5	2	1	1/2	0.1413
C_{38}	3	3	5	5	5	2	2	1	0.2002

$C_I = 0.0911 \quad C_R = 0.0646 < 0.1$

表12-17 安全物态文化判断矩阵

C_4	C_{41}	C_{42}	C_{43}	权重
C_{41}	1	1/3	1/3	0.0729
C_{42}	3	1	2	0.1699
C_{43}	3	1/2	1	0.2844

$C_I = 0.0268 \quad C_R = 0.0460 < 0.1$

根据一、二级指标权重和模糊关系矩阵，使用模糊综合评价方法，可得神火集团安全文化建设能力综合评价结果，如表12-18所示。

表12-18 安全文化建设能力综合评价结果汇总表

名称	评价得分	评价等级	对比分析
A_1 安全行为文化	75.424	较好	
A_2 安全制度文化	76.073	较好	
A_3 安全观念文化	58.581	一般	$A_2>A_1>A_4>A_3$
A_4 安全物态文化	70.478	较好	
煤矿总体安全文化	71.247	较好	

神火集团的安全文化建设能力处于较好水平。一级指标中,安全行为文化、安全制度文化、安全物态文化建设能力处于较好水平,安全观念文化建设能力处于一般水平。二级指标中,基本安全常识的普及程度、安全质量明晰化管理制度、安全投入的保障状况、员工劳保用品配置情况等处于一般水平,其他指标处于较好水平。

(案例来源:中国管理案例共享中心案例库)

思考题

1. 神火集团如何运用层次分析法和模糊综合评价法?
2. 评价指标体系的构建应该符合什么原则?
3. 如何构建判断矩阵?应注意哪些事项?

第13章 神经网络预测技术

本章学习目标

- 了解预测的定义。
- 掌握神经网络的基本原理。
- 理解基于神经网络预测方法的应用。

13.1 预测概述

随着当今社会科学技术的快速发展，人们更加关注对未知的探索，探讨事物未来发展状况的预测工作受到人们越来越多的重视。预测就是根据历史推测未来，明确地说，预测是在对历史资料进行整理和分析的情况下，采用一定的手段对不确定事件或未知事件进行估计或描述，属于探索未来的活动。在社会运转速度不断加快和信息量不断膨胀的时代，需要管理者做出决策的事项不但在数量上越来越多，而且事项之间的相互联系也愈加复杂，人们对决策效率和效果也提出了更高的要求。决策是人们站在当前，对未来行动所进行的设计，如果能对事物的未来发展情况做出高效的预测，就能为人们做出合理的决策提供依据，从而提高决策的效果。

13.1.1 预测的发展

预测就是采取一定的手段对未知或者不确定的事情进行分析和描述，通过整理历史资料推测未来，是对未来活动的一种探索。预测是自古以来就存在的活动，《孙子兵法》中的大部分内容都属于预测问题，西方的占星术也是基于现有材料对未来进行分析。但是古代的预测通常都是根据经验所得，属于定性范围，所以还不能称为一门技术或者科学，只是具有预测的思想。瑞士科学家雅各布·伯努利(Jakob Bernoulli，1654—1705)在其所著的《猜度术》(*Ars Conjectandi*)中提出了预测学，用于减少人类生活各个方面由于不确定性导致决策错误而产生的风险。当代预测技术普遍认为起源于20世纪初。我国20世纪50年代就已经开展了预测的研究与运用。

随着社会的进步和科学的发展，预测成为研究领域的一门学科，并且研究范围在不断扩大，研究方法也逐步得到完善。当代的预测技术不仅继续重视定性研究，还非常重视定量研究。定量预测是运用科学的、数学的、具有逻辑的判断方法，对事物未来的演变与发展过程进行数量上的推断。在研究领域，预测决策理论被广泛应用于各个行业的管理方面，用以科学地制定发展战略和各类方案，并取得了一定的实际效果。战略预测是企业科学决策的基础，是企业高效管理的重要手段，是政府、企业编制和出台计划的有力依据。预测科学已经成为一门发展迅速并且得到高效利用的学科，突破了自然科学和社会科学的界限，成为一门综合性学科，与各个学科均有密切的联系。

13.1.2　预测的定义

预测是指根据客观事物的发展趋势和变化规律，对特定对象未来的发展趋势或者状态做出科学的推测和判断。预测是一种行为，表现为一个过程。广义的预测是指在同一时期根据现有资料推测未知事物的静态过程，还包括根据事物的历史和现状推测其未来发展的动态过程。

可以从不同的角度解释"预测"。

预测工作，指预测活动，是根据事物的过去和现状来推断、估计未来情况，探索事物的发展及演化规律，即根据已知推断未知的过程。

预测结果，指预测工作的产出，是通过预测工作的过程获得的结果，用来反映社会经济现状的数量特征及规律性。

预测学，指论述预测方法的学科和理论，科学的预测需要采用科学的判断和计量方法，对未来事件的可能变化情况做出事前推测。

预测工作是产出预测结果的过程，预测学是预测工作的总结和提高，预测学的理论对预测工作起到指导作用，预测工作的过程可以用来检验预测学理论和方法的正确性。三者之间的关系表明，理论源于实践，服务于实践，体现了理论与实践的辩证关系。

13.1.3　预测的可能性

未来能否预测？这个问题的答案取决于回答者的主观思想。辩证唯物主义者认为未来是可以预测的，未来不是凭空而生的，未来变为现实的过程是必然性和偶然性的统一。未来与现实及历史之间存在连续性；事物彼此之间互相关联，互相影响，具有相关性；不同事物的发展过程具有相似性，可以通过事物发展的连续性、相关性及相似性把握其未来状态是否合乎理性，因此可以通过对事物必然性的认识把握未来的变化规律，从而预测未来。

未来与现实及历史之间存在连续性。对一个具有稳定性的系统来说，系统运行的轨迹必然具有连续性，系统过去和现在的行为必然影响未来。例如，一个长期以畜牧业产业为主的地区，不可能在一两年内迅速转变为以高科技产业为主的地区。系统结构越稳定，规模越大，历史越悠久，这种连续性表现得越明显。

预测的可能性体现在预测是一种科学活动，是由预测前提的科学性、预测方法的科学性和预测结果的科学性决定的。

(1) 预测前提的科学性包含三层含义：一是预测必须以客观事实为依据，即以反映这些事实的历史与现实的资料和数据为依据进行判断；二是作为预测依据的事实资料与数据，必须通过抽象上升到规律性的认识，并以这种规律性的认识作为预测的指导依据；三是预测必须以正确反映客观规律的某些成熟的科学理论作为指导。

(2) 预测方法的科学性包含两层含义：一是各种预测方法是在预测实践经验的基础上总结出来，并获得理论证明与实践检验的科学方法，包括预测对象所在学科的方法及数学、统计学等方法；二是预测方法的应用不是随意的，必须依据预测对象的特点合理选择和正确运用。

(3) 预测结果的科学性包含两层含义：一是预测结果是以已经认知的客观对象发展的规律和事实资料为依据，采用定性与定量相结合的科学方法做出的科学推断，并用科学的方式加以表述；二是预测结果在允许的误差范围内可以验证预测对象已经发生的事实，同时在条件不变的情况下，预测结果能够经受实践的检验。

13.1.4 预测的不准确性

虽然可以利用事物的相似性进行类推预测，通过比较与分析，找出它与另一类事物的某种相似性，从而预测后者的发展趋势，但是预测的可能性不能保证预测结果的绝对准确。造成预测结果不准确的原因有以下几方面。

(1) 预测对象变化的速度。只有在一个静止的系统中，在规则不变的状态下，才能准确地预测未来。随着科学技术的发展，各种因素、现象之间的联系越来越复杂，变化的速度越来越快，准确地预测未来的难度也越来越大。

(2) 人的认知能力。受认知所限，人不能看清楚其行为的所有结果，对很多事物还不能既知其然，又知其所以然。在这种情况下，人们想要完全把握事物的变化规律几乎是不可能的。预测要求人能够超越现实，理解未来，然而人的理解力又受限于其经历，这是一个难以解决的矛盾。

(3) 事件的偶然性。虽然可以采用概率统计的方法来研究偶然事件，但是并不能消除这些事件的偶然性。预测的不准确缘于未来所具有的偶然性。

基于以上原因，预测者想要提高准确性，需要遵循系统性原理、连贯性原理、类推性原理、相关性原理及概率推断原理。只有掌握了这些基本原理，才可以建立正确的思维模式，在此基础上运用具体、细致的分析方法，进而提高预测结果的准确性。

13.2 神经网络原理概述

预测方法经过长期发展,形成了很多分支,其中人工神经网络作为一种重要的预测方法,融合了决策智能,有广泛的适用性。

人工神经网络方法是基于超大数据的运算方法,在各种预测和商业分类应用中都有广阔前景,因为它具有从数据中"学习"的能力、非参数的特性(即没有严格的假设)和可推广的能力。神经计算是机器学习中的一种模式识别方式,神经网络计算是数据挖掘工具的一个核心组件,神经计算的最终模型通常被称为人工神经网络(artificial neural network,ANN)。人工神经网络模拟人类大脑处理信息,是基于生物神经元的学习系统,仿生而非真正复制了大脑的实际运作过程,已经在众多的商业应用中被用于模式识别、预测及分类。

13.2.1 生物学神经网络和人工神经网络

人类的大脑具有不可思议的信息处理能力,现代计算机在很多领域都无法与其匹敌。人们假定一个模型或一个系统如果是受到脑科学研究结果的启发而创造的,并具有类似于生物学神经网络的结构,那么它将具有相似的智能化功能。基于自下而上的方式,人们开发了人工神经网络——一个仿生的、看似合理的模型,用于处理各种任务。

生物学的神经网络是由大量相互连接的神经元组成的。每个神经元都有轴突、树突及手指样的突起物,用于与其相邻的神经元传递和接收电子与化学信号,进而进行沟通。这种叫作神经元的特殊细胞并不会因为一个人的受伤而死亡或者被替代,这就是为什么人类能够在相当长的时间内保留信息并当人老的时候才开始丢失信息——因为那时候脑细胞会逐渐死亡。信息存储是由大量的神经元实现的,大脑有500亿~1500亿个神经元,种类有100多种,这些神经元被分到不同的组中,组又被称为网络,每个网络都包含数千个高度连接的神经元。因此,大脑可以看作一个神经网络的集合。

学习能力和对环境改变的反应能力的形成要求具有智力,大脑和中枢神经系统控制思考和智力行为,因此那些大脑受到损伤的人会出现学习和对环境改变反应困难的问题,即使如此,大脑未受损的部位也经常可以开发出新的学习能力来补偿受到损伤的部位。

人工神经网络仿照了生物学的神经网络,也是由大量相互连接的、能够处理简单信息的人工神经元组成。由于它们是仿生的,因此人工神经网络的主要处理单元是单个人工神经元,类似于大脑中的神经元,这些人工神经元从其他神经元或外界输入的刺激中接收信息,对输入信息进行转化,然后将转化后的信息传输给其他神经元或向外界输出,类似于目前所理解的人类大脑的工作方式。神经元之间传输信息可以被认为是一种启动的方式或触发,某个神经元发出的反馈基于它所接收的信息或刺激。

处理信息的时候，人工神经网络中的全体人工神经元同时运行，类似于生物学的神经元。人工神经网络具有一些类似于生物学神经网络的能力，例如学习能力、自组织能力及支持容错的能力。人工神经元接收输入信号正如生物学神经元从其他神经元接收电子化脉冲信号一样，而人工神经元输出信号则类似于生物学神经元通过轴突发送信号，这些人工信号的强度可以用一种类似突触改变物理连接强度的方式进行调整。

神经网络处理信息的方式本身就是其功能之一。神经网络拥有一层或多层神经元，这些神经元既可以相互之间高度或完全连接，也可以只在特定层的神经元之间存在连接，神经元之间的每个连接都具有一个权重。本质上，神经网络所拥有的"知识"都包含在这些连接的权重上，每个神经元都要计算连入神经元的值的加权总和，然后将输入进行转换，并将这个值作为后续神经元的输入。一般来说，这种个体神经元层面的输入、输出转换过程都是非线性转换。

人工神经网络可以概括为由大量简单且高度互连的神经元所组成的复杂网络计算系统。它是智能控制技术的主要分支之一，以现代神经科学研究成果为基础。人工神经网络反映了人脑功能的一些基本特征，是模拟人工智能的一个很重要的方法。一般形式的人工神经网络就是对人脑完成特定任务的方法进行建模的机器。人工神经网络既可以用硬件实现，也可以用软件实现；既可以看作一种计算模式，也可以看作一种认知模式。因此，从本质上讲，人工神经网络、并行分布处理、神经计算机是同一概念。在控制领域，人工神经网络扮演着一个极其重要的角色，随着神经网络理论研究的不断成熟与完善，人工神经网络已经用于控制领域的多个方面，如过程控制、生产控制、模式识别、决策支持等。

13.2.2 人工神经网络结构

人工神经网络最基本的处理单位是神经元，神经元通过各种不同的拓扑结构组成网络，具体的结构取决于神经网络需要学习的任务。一般神经网络的拓扑结构保持不变，但在有些应用(例如机器人技术)中，拓扑结构被视为参数并且会动态变化。神经元之间的连接与决定交换的信息类型和度量强度的权值有关。权值代表定义网络行为的函数。本质上，一组权值代表用于执行任务的网络信息，即已知的拓扑结构。

人工神经网络的处理元素(processing element，PE)就是人工神经元，是一种简化的生物神经元模型。神经元是构成神经网络的基本单位，每个神经元都接收不同信息，处理这些信息，输出单一的信息。输入信息既可以是未经处理的输入数据，也可以是其他神经元的输出信息。输出信息既可以是最终结果，也可以是其他神经元的输入信息。输出的产生分为两个步骤：第一步，求输入的加权和，即每个单一输入乘以相应链接上的权值并加总；第二步，对输入加权并应用具体的激活函数，求出激活值。人工神经网络的基本结构如图13-1所示。

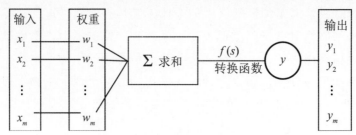

图13-1 人工神经网络的基本结构

如同生物学的神经网络，人工神经网络可以通过多种方式进行组织(即拓扑或架构)，即神经元可以用不同的方式相互连接。当进行信息处理的时候，大量的处理元素会在同一时间展开运算。这种并行处理的方式效仿了大脑工作的原理，并且有别于传统计算中的有序处理。根据连接方式的不同，拓扑结构可以分为以下几种。

(1) 前向网络：前向网络神经元分层排列，分别组成输入层、中间层和输出层。每一层的神经元只接受来自前一层的输入，后一层对前一层没有信号反馈。输入信息经过各层次的顺序传播，最后到输出层。感知器网络和反向传播(back propagation，BP)神经网络均属于前向网络。

(2) 有反馈的前向网络：这类网络从输出层到输入层有信息反馈，可用于存储某种模式序列，神经认知机和回归BP神经网络均属于这种类型。

(3) 层内有相互结合的前向网络：又称循环网络，这类网络结构通过层内神经元的相互结合，可以实现同一层内神经元之间的横向抑制或兴奋机制。这样可以限制每层内可以同时行动的神经元的数量，或者把每层内的神经元分为若干组，让每一组作为一个整体进行运作。

(4) 相互结合型(全互连或部分互连)网络：这种网络在任意两个神经元之间都可能有连接。Hopfield网络和Boltzmann网络均属于这种类型。

在无反馈的前向网络中，信号一旦通过某神经元，该神经元的处理就结束了。而在相互结合型网络中，信号要在神经元之间反复传递，网络处于一种不断改变状态的动态变化之中，信号从某初始状态开始，经过若干次变化，才会达到某种平衡状态。根据网络的结构和神经元的特性，网络的运行还有可能进入周期振荡或混沌等其他平衡状态。

生物学神经网络和人工神经网络之间的关系见表13-1。

表13-1 生物学神经网络和人工神经网络之间的关系

生物学神经网络	人工神经网络
体细胞	节点
树突	输入
轴突	输出
突触	权重
处理速度慢	处理速度快
大量神经元	少量神经元

13.2.3 网络信息处理

一旦人工神经网络的结构确定下来，就可以处理信息了。下面介绍一些网络信息处理相关的概念。

1. 输入

每个输入都对应一个属性。举个例子，如果问题是能否批准一笔房屋贷款，属性就包括申请人的收入水平、年龄及房屋所有权，属性的数值就是网络的输入。多种数据都可以作为输入，例如文本、图片、语音等。在输入数据之前，有时候需要对数据进行预处理，例如将抽象数据转化成有实际含义的输入、对数据进行量纲换算等。

2. 输出

人工神经网络的输出包含问题的解决结果。例如在房屋贷款审批的案例中，输出就可以为是或者否。人工神经网络对每个输出结果进行了赋值，例如1代表"是"，0代表"否"，人工神经网络的目的就是计算这些输出值。通常情况下，需要对输出进行后处理，对输出结果进行四舍五入是一个很常见的做法。

3. 连接权重

连接权重是人工神经网络的一个重要元素，代表了所输入数据的相对强度，或者数据在层与层之间传递关系的相对强度。换句话说，权重代表了对于一个处理元素及输出层来说，不同输入的相对重要性。权重反映信息的学习模式，因此至关重要。人工神经网络通过重复调整权重来学习。

4. 求和函数

人工神经网络通过求和函数对所有输入元素进行加权求和。求和函数对每个输入值都乘以其权重，并将这些值相加得到加权和Y。对于具有n个输入的一个处理元素而言，求和函数公式为

$$Y_j = \sum_{i=1}^{n} X_i W_i$$

5. 转换函数

求和函数计算了神经元内部的刺激层面(或者激活层面)。基于这个层面，神经元可能会，也可能不会产生一个输出。内部激活层面和输出的关系可以是线性或非线性的，这个关系由多种转换函数中的一种来表示。转换函数将神经元从其他神经元或其他来源得到的所有输入结合(即相加)起来，然后基于转换函数输出一个结果，具体函数的选择会影响神经网络的运行。逻辑激活函数(Sigmoid转换函数)是一个取值为0~1的S形转换函数，是最流行、最实用的非线性转换函数：

$$Y_t = \frac{1}{1+e^{-y}}$$

6. 隐藏层

复杂的实际应用会在输入层和输出层之间用到一层或多层隐藏层，以及大量的权重。许多商业化的人工神经网络都包含三层，甚至五层隐藏层，每层有10～1000个处理元素。有些实验用的人工神经网络使用了上百万个处理元素。因为每多一层隐藏层都会让训练的时长及运算量呈指数级增长，因此在绝大部分商业化系统中隐藏层的数量是有限的。

13.3 基于人工神经网络的预测方法

13.3.1 预测控制

以工业现场为例，大多数动态系统本质上都是非线性系统，而非线性系统要比线性系统复杂得多，因为其不具有线性和叠加性。另外，用来描述一般非线性系统的数学模型和基于各种核函数描述的模型都存在结构特定、辨识困难、处理复杂等问题，实际中应用很少。人工神经网络具有函数逼近能力、自学习能力、复杂分类功能、联想记忆功能、快速优化计算能力，以及高度并行分布信息存储方式带来的容错性等优点。将人工神经网络与模型预测控制相结合，为复杂工业过程中的控制提供了强有力的工具。

从本质上讲，人工神经网络预测控制仍然是预测控制，属于智能型预测控制的范畴，它将人工神经网络技术与预测控制相结合，弥补了传统预测控制算法精度不高、仅适用于线性系统、缺乏自学习和自组织功能、鲁棒性不强的缺陷。人工神经网络预测控制可以处理非线性、多目标、约束条件等异常情况，利用人工神经网络能对任意的复杂非线性函数充分逼近，能够学习和适应不确定性系统的动态特性，能采用并行分布处理算法快速进行实时运算等特点，建立神经网络辨识模型作为预测模型，在此基础上，求取控制律。

13.3.2 基于人工神经网络的建模说明

在系统建模、辨识和预测中，对于线性系统，在频域，传递函数矩阵可以很好地表达系统的黑箱式输入/输出模型；在时域，通过估计自回归滑动平均(ARMA)模型，也可以给出系统输入/输出的描述，如此，线性系统预测问题就比较完美地解决了。对于非线性系统，一般采用基于非线性自回归滑动平均(NARMA)模型进行预测，但是很难为这种模型找到一个恰当的参数估计方法。因此，传统的非线性系统辨识在理论研究和实际应用方面都存在极大的困难。

由于人工神经网络具有通过学习逼近任意非线性映射的能力，将人工神经网络应用于非线性系统的建模与辨识可以不受非线性模型的限制,便于给出易于实现的学习算法。相比之下,人工神经网络在非线性系统预测方面显示出了明显的优越性。

在系统建模与预测中,静态的多层前向神经网络是一种常用的预测工具,这种网络具有逼近任意非线性映射的能力。利用静态的多层前向神经网络建立系统的输入/输出模型,本质上就是基于网络逼近能力,通过学习获知系统差分方程中的非线性函数。对于静态系统的建模预测,多层前向神经网络能够取得良好的效果。但是在实际应用中,需要建模和预测的多为非线性动态系统,利用多层前向神经网络必须事先给定模型的阶次,即预先确定系统的模型类,而在实际中要做到这一点是非常困难的。

动态网络本身就是动态时变系统,对于动力学系统建模有着自然的反映系统动态变化的能力,不需要预先确定系统的模型类和阶次。因此,具有内部反馈的动态网络在系统建模与预测中的应用受到了极大的重视,这也是神经网络建模与预测的发展方向。

基于人工神经网络的预测可以分为正向建模和逆向建模两类。

正向建模是指训练一个神经网络表达系统正向动态的过程,这一过程建立的神经网络模型称为正向模型。正向模型的神经网络与待辨识的系统并联,两者的输出误差用作网络的训练信号。这是一个典型的教师学习问题,实际系统作为教师,向神经网络提供算法所需的期望输出。当系统是被控对象或传统控制器时,神经网络多采用多层前向网络的形式,可直接选用BP神经网络或它的各种变形。而当系统为性能评价器时,则可选择再励学习算法,这时网络既可以采用具有全局逼近能力的网络,如多层感知器,也可以选择具有局部逼近能力的网络,如小脑模型关节控制器(CMAC)等。

逆向建模方法在人工神经网络控制中有特别广泛的应用。建立动态系统的逆模型,在人工神经网络控制中起着关键作用。其中,比较简单的是直接逆建模法,直接逆建模又称广义逆学习,其原理是将拟预测的系统输出作为网络的输入,网络输出与系统输入比较,相应的输入误差用于训练,因此网络将通过学习建立系统的逆模型。但是如果所辨识的非线性系统是不可逆的,则利用上述方法将得到一个不正确的逆模型。因此,在建立系统逆模型时,可逆性应该事先有所保证。

为了获得良好的逆动力学特性,应妥善选择网络训练所需的样本集,使其比未知系统的实际运行范围更大。但是在实际工作时,输入信号很难事先给定,因为控制目标是使系统输出满足期望的运动,不能给出未知被控系统期望的输入。另外,在系统预测中,为保证参数估计算法的一致收敛,必须使用一定的持续激励的输入信号。

课后习题

1. 什么是人工神经网络?
2. 对神经元、轴突、突触进行解释。
3. 权重在人工神经网络中如何发挥作用?
4. 最常见的人工神经网络结构有哪些?这些结构之间的区别是什么?

习题答案

案例

人工神经网络在案例检索和案例库维护中的应用

案例分析

随着案例推理方法应用领域的扩展和工程实施,知识工程专家发现案例库的维护常常被忽视。案例库中的案例作为知识库中知识的载体之一,普遍存在知识的维护问题。案例库维护是以案例为纽带,直接为案例检索服务的,所以可以采用人工神经网络方法实现案例检索和案例库维护的整体设计方案。

案例检索的核心是被描述为新案例的问题与历史案例之间相似度的评判,即相似算法的设计与选择;案例库维护特指在保障系统求解问题能力的前提条件下,采用适当的策略剔除案例库中的冗余或"有错"信息,以提高系统运行性能。这类"知识"可导致案例推理过程受到阻滞或时间大量消耗而不能得出清晰结果,称为"有害"知识。这种"有害"知识往往"成事不足,败事有余"。案例库维护主要包括案例表达中案例组织形式的调整以及案例库中某些案例信息的删除。

1. 人工神经网络与案例库

人工神经网络是用大量神经元的互连以及各连接权值的分布来表示特定的概念或知识。在知识获取的过程中,它只要求专家提出范例及相应的解就能通过特定的学习算法对样本进行学习,通过网络内部自适应算法不断修改连接权值的分布达到要求,并把专家求解实际问题的启发式知识和经验通过网络的互连及权值的分布来体现。人工神经网络算法在案例检索中的应用同样可以分为两类。

(1) 以径向基函数网络(radial basis function,RBF)为代表,属于相似度计算算法的人工神经网络,主要用于模式识别。

(2) 以自组织特征映射网络(self-organizing map,SOM)和自适应共振理论网络(adaptive resonance theory,ART)为代表的人工神经网络,属于以欧氏距离/海明距离作为判据的案例分类算法。在实际工程应用中,人工神经网络的分类算法在故障诊断、医疗诊断中应用最为广泛。

案例库的维护旨在提高系统性能从而进行案例库中案例的求精过程。现阶段的案例库维护策略大致可以分为效用优先原则和能力优先原则两类。效用优先原则主要以案例的重用频率判断案例是否具有存在的意义,其效用与应用频率、平均节约时间和匹配代价三个因子有关。将案例检索与案例库维护作为两个分离的命题进行研究,忽略了案例检索与案例库维护两者之间的内在联系。案例检索是从现有的案例空间中检索最合适的案例,即现有案例库中的案例决定了案例检索能够使用的案例集合,以及检索产生的结果空间;案例库维护是更新案例库,剔除冗余和"有害"案例,既要保证解决问题的能力,又要提高检索速度。人工神经网络算法作为案例库检索和案例库维护的统一算法具有一定的优势。

2. 案例示例

表13-2是一个简化了的中程、面对面导弹案例库。设计者期望根据设计需求,从案例库中选择最能满足设计需求的导弹案例,在此基础上进一步设计与开发。

表13-2 中程、面对面导弹案例库

导弹名称	射程/km	飞行速度/Ma	弹长/m	弹径/mm	翼展/m	发射质量/kg	案例编号
MM.40	70	0.93	5.78	350	1.14	855	1
尔布斯15KA	70	0.8	4.35	500	1.4	780	2
雄风2	130	0.85	4.6	340	0.9	685	3
90式	150	0.9	5.09	340	1.2	661.36	4
海妖	75	0.9	9.15	800	2.5	3300	5
白蛉	90	2.3	9.39	760	1.3	3950	6
天王星	130	0.9	4.4	420	0.93	600	7
捕鲸叉C	130	0.75	4.64	343	0.83	681.9	8

(1) 案例检索。构造一个三层的神经网络(见图13-2)，具有一个输入层、一个隐藏层、一个输出层，其隐藏层神经元节点数采用经验值4个(约为输入节点数的3/4)，传递函数为 $\text{tansig}[(1-e^{-x})/(1+e^{-x})]$，动量因子为0.9，学习率为0.05，允许误差为0.001。以表13-2所示案例作为BP神经网络的训练样本，人工神经网络的输入为案例的6个指标值，输出为案例在案例库中的统一编号(1~8)。

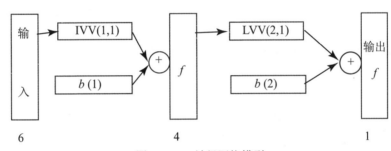

图13-2 BP神经网络模型

训练好的BP神经网络(训练样本数据需要先进行归一化处理，其均值为0，单位方差)，以中程、面对面导弹"88式"为设计任务(测试案例)测试BP神经网络的检索效果。"88式"导弹射程为150km，飞行速度为0.9Ma，弹长5.08m，弹径为340mm，翼展为1.16m，发射质量为660kg。

采用MATLAB6.1作为BP神经网络仿真工具，经过125个学习周期后，BP神经网络连接权值误差满足要求(0.000941<0.001)，同时"88式"导弹匹配结果为4.0813。由背景知识可知，"90式"是日本三菱重工业公司作为主承包商在"88式"导弹基础上发展的中程舰对舰导弹，考虑到"90式"导弹在案例库中的编号为4，由此可以判断人工神经网络检索结果正确。

(2) 案例维护。假定拟向案例库中增加一条新的案例：中国研制的超低空、超音速舰对舰导弹C101，C101射程为50km，飞行速度2.0Ma，弹长6.50m，弹径540mm，翼展1.62m，发射质量1850kg。将C101输出定义为"9"，与案例库中相关案例一起训练网络。其中BP神经网络参数与用于案例检索的BP神经网络完全一致，训练后的网络用"88式"导弹测试。由MATLAB6.1的仿真实验可知，BP神经网络经过381个学习周期后达到设计要求(0.0009648<0.001)，同时"88式"导弹数据的匹配结果为4.0494。

案例库中新增案例后，系统增加了解决新问题的能力，而原有问题的求解能力依然保持(与"88式"导弹最相似的导弹型号为"90式")。由此得出结论，案例C101适合加入案例库。

若相同情况下，考虑在现有的案例库中增加一条"有害"的导弹案例"尔布斯15M"。由背景知识可知，案例库中的导弹"尔布斯15KA"是瑞典萨伯博福斯导弹公司在其"尔布斯15M"舰对舰导弹的基础上改型发展的岸对舰导弹，射程为70km，飞行速度为0.8Ma，弹长为4.35m，弹径为500mm，翼展为1.4m，发射质量为780kg。

将"尔布斯15M"导弹输出定义为"9"，与案例库中其他中程、面对面导弹案例一起作为BP神经网络学习样本训练BP神经网络，训练结果如下：经过561个学习周期后，BP神经网络学习误差变化梯度(导数)达到极小值，误差不收敛(0.362963>0.001)，学习失败。对于此时的BP神经网络，"88式"导弹匹配结果为4.4769。考虑到"90式"导弹的案例编号为4，BP神经网络检索结果不具有可信度。测试表明，增加"有害"案例"尔布斯15M"后，系统不仅没有增加解决新问题的能力，而且丧失了对原有问题的求解能力，因此得出结论：案例"尔布斯15M"不适合加入案例库。换句话说，案例"尔布斯15M"作为知识，属于"有害"知识，它的加入不仅没有强化原系统，反而使之丧失了本已具备的功能。

(案例来源：中国管理案例共享中心案例库)

思考题

1. 神经网络主要适合研究哪些问题？其建模过程中的关键参数隐藏层中节点数如何设置？
2. 预测结果应用于决策的前提条件是什么？如何对预测结果进行评估？

第14章 社会网络分析法在决策中的应用

本章学习目标

- 了解社会网络分析法。
- 掌握社会网络分析法的简单应用方式。
- 能够运用社会网络分析法辅助商业决策。

本章通过介绍社会网络分析法在决策中的应用,为广大决策者提供一种面对新时代、新挑战的决策方法和思路。

14.1 社会网络分析法概述

社会网络分析法是一种以各种数学方法、图论等为基础发展起来并被广泛应用于理论和实践的定量分析方法。对社会网络分析法的理解可以从"网络"一词入手,通俗来讲,由各种因素单重或多重关联起来的关系网称为网络,因此社会网络可以理解成由社会关系而形成的一种结构,那么社会网络分析法就是建立在不同领域的社会关系结构的基础之上,所形成的一种解决社会问题的强有力的工具思维和逻辑方式,用来解释心理学、管理学、经济学等领域的不同社会问题。社会网络分析法最初来源于物理学,研究适应性网络关系后发现,其能够有机结合个体之间、"微观"主体网络之间、"宏观"主体网络之间的关系,随着该方法在不同领域的适应性发展,形成了一系列利用数学方法、图论等进行分析的方法与步骤。

人与社会环境是不可分割的整体,各主体之间的相互作用可以渐渐形成一系列规则和模式,在社会关系的形成和发展中难免会出现问题,而社会网络分析法能够基于自身特征解决不同社会关系领域的问题,能够精确细化和精准分析各种关系,为管理者的决策、组织、运营等过程提供可量化的有效工具,搭建宏观与微观之间的桥梁。

14.1.1　社会网络的构成要素

社会网络分析法的本质是利用互联互通的思维和方法解决由社会关系形成的结构中的一系列问题。社会网络主要由行动者、关系纽带、二人组、三人组、子群、群体六大群体构成。具体来说，行动者并不是单纯地指某一个人，群体、企业、社会单位等集体性的组织都可以看作行动者，行动者在社会网络中扮演着"节点"的角色；关系纽带指把行动者关联起来的关系，是多种多样的，亲属关系、利益互换关系、竞争关系等都属于关系纽带的范畴；二人组也并不局限于两个人构成的组合，而是两个行动者之间的关系，二人组是社会网络中关系的基础，也是最简单的一种网络形式，是分析更为复杂的社会网络关系的基础；由此推理三人组则是由三个行动者形成的网络关系；子群是行动者之间形成关系后的子集，可以是任何形式的关系；群体则是所测量的社会网络关系中的全部行动者的集合。对社会网络进行分析的方法称为社会网络分析法，而社会网络的构成要素是社会中的各个社会单位、集体等组织，因此社会网络分析法是透过一层一层网络关系的表象，剖析潜藏在关系网络下的网络模式、发展规律和形成本质。社会网络分析法不仅是一个分析问题的工具，还是解决社会关系问题的思维模式。社会网络图如图14-1所示。

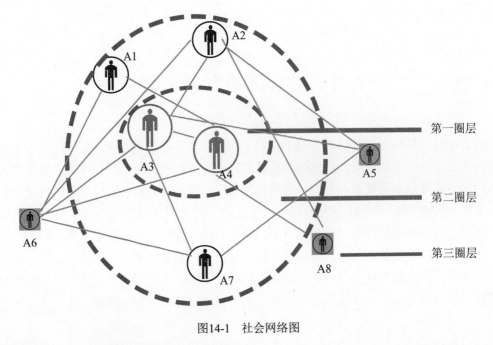

图14-1　社会网络图

14.1.2　社会网络分析法的原理

根据韦尔曼对社会网络分析法的研究可知，社会网络分析法的原理主要包括以下内容。

第一，作为一种分析社会网络关系的工具，常常面临不对称、不规律的相互作用的关系纽带，各个关系纽带在关系内容、类别、强度等方面都有所区别。

第二，社会网络分析法在实际应用中必须结合更广泛的网络结构和关系背景进行分析。

第三，行动者之间产生各种关系纽带后会形成非随机、非正式的网络，容易产生网络群、网络关系界限和交叉关联的情况。

第四，交叉关联的情况又能够把网络群和不同的个体连接在一起形成互联互通的状态。

第五，不对称、不规律的关系纽带和多样化、复杂化的社会网络容易造成资源尤其是稀缺资源的不平等、不公正分配。

第六，随着资源的不平等分配，社会网络中的各主体为了自身利益和未来发展，展开了以获取资源，尤其是获取稀缺资源为目的的竞合行为。

14.1.3 社会网络分析法的特征

由于研究对象所形成的关系和产生的行动都是互相关联的，并不是孤立存在的，它们之间的关系纽带具有盘根错节的特点，由此应运而生的社会网络分析法主要具备五大特征。

第一，用来分析和解释行动者行为时并不是根据标准社会化等内在因素进行说明的，而是通过一定的结构对行动产生制约或推动作用来解释的。

第二，社会网络分析法并不是为了对行动者的关系进行分类，而是致力于挖掘不同集体间关系的本质和发展规律。

第三，社会网络分析法的应用对象不仅常常处于复杂的社会背景中，也处于多维关系网络中，不同维度或类型的关系结构对行动者的成员行为影响也不同，因此在提前进行假设分析时，通常以假设多维关系情景为基础。

第四，社会网络分析法对于网络是否归属于具体的群体并未有严格的界定和要求。

第五，社会网络分析法随时代的发展而不断更新，能够对其他分析方法起到补充和完善作用。

14.2 社会网络分析法的分析视角

社会网络分析法可以从不同的视角对社会网络关系进行探索和挖掘，其中主要有中心度视角分析、凝聚子群视角分析、核心-边缘结构视角分析等，接下来将对这三大分析视角进行介绍。

14.2.1 中心度视角分析

社会网络分析过程中采取中心度视角进行分析,是分析和解决问题的重要一步。各个主体在社会网络中扮演着不同角色,所拥有的资源、地位等均不相同,识别行动者在社会网络中处于什么位置是利用社会网络分析法解决问题初期应探索的内容之一。

社会网络关系中主体的中心度是指被相互关联的主体在网络中接近中心的程度,中心度越高,则该点处主体的重要性越大。中心度在社会网络关系中不止有一个,行动者的数量能够代表个体中心度的数量。社会网络分析法基于中心度视角解决问题时,不仅能够识别和判断个体的中心度,还能够通过一系列工具对网络整体的集中发展状态和趋势有一个科学的把控,但网络整体的集中发展状态和趋势是对网络中各个主体的差异性程度的刻画,个体中心度是对个体之间特征区别的把握,因此提到中心度的趋势时,即为网络整体的中心度,一个网络只存在一个中心度趋势。中心度(或中心势)有不同的计算方法,具体可以划分为点度中心度(或点度中心势)、中间中心度(或中间中心势)和接近中心度(或接近中心势)。

点度中心度(见图14-2)可以用社会网络中的一个点能够联系上其他点的数量来衡量,判断行动者是否处于中心可以看该行动者和相联系的行动者之间是否为直接联系的状态,重要的节点就是拥有许多连接的节点。社会网络的点度中心势不同于个体的点度中心度,中心势的分析与判断需要识别社会网络中心度的最大值,再利用这个最大值计算其与其他中心度的多个差值,再将这些差值加总得出一个总和的值,最后一步则是将上一步计算得出的总和除以各个差值总和的最大可能值。

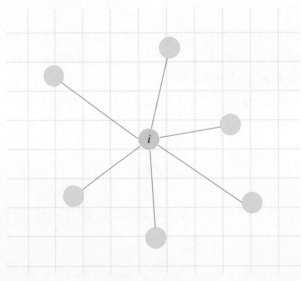

图14-2 点度中心度

当行动者处于其他两个行动者之间时,可以起到联结其他行动者的作用,影响其他行动者之间的竞合关系和信息传递能力,因此中间中心度是指当行动者处于社会网络中两个点的关系路径上时,可以把该行动者看作处于重要位置。依据该原则对个体中心度的测算称为中间中心度(见图14-3),能够反映行动者对所联结的行动者的控制和影响程度。行动者在网络中的关系是多维的,因此行动者在社会网络中的关系路径数量越多,则其中间中心度的程度越大,相应的,越多的个体需要通过该路径上的行动者的关系才能与其他主体产生联系。同理,依据该原则对整体网络结构的分析指标是中间中心势,可以理解成社会网络里中心度最高的节点的中间中心度和其他节点中间中心度的差异,差异越大则网络整体的中间中心势就越大,这一情况可以说明社会网络内可能存在多数小团体的现象,且这些小团体对某一节点的信息传递、主体沟通等作用依赖性过强,进一步提高了该节点在社会网络中的地位。

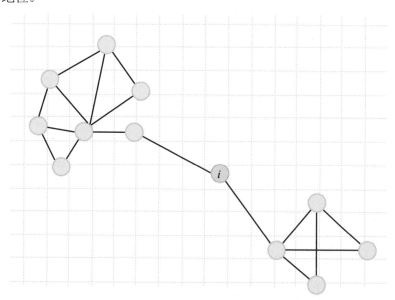

图14-3 中间中心度

通过上述对点度中心度(势)、中间中心度(势)的分析可以得知,点度中心度反映网络内局部的中心程度,主要识别行动者与网络内其他行动者联系的多少,并未加入行动者是否控制网络内其他行动者等多个因素,中间中心度则可以研究行动者对网络内其他行动者行动的控制能力。但局限于上述两种中心度的划分不足以应对网络的复杂关系网,加入行动者不受网络内其他主体控制的能力是否影响行动者的行为和发展这一因素也至关重要,接近中心度则可以很好地表述这一能力,如图14-4所示。对接近中心度的衡量并不主要关注行动者间的直接关系,而是关注能成为捷径的路径,当一个行动者和其他行动者之间的关系路径较短时,则该行动者的接近中心度较高。同理,社会网络整体的接近中心势可以反映社会网络内节点间的差距大小,接近中心势越小则各节点的差距越小。

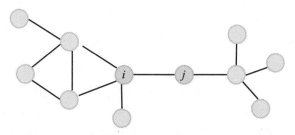

图14-4 接近中心度

14.2.2 凝聚子群视角分析

凝聚子群视角也是社会网络分析法的重要视角之一。当网络内主体关系紧密程度上升后,所形成的次级团体被称为凝聚子群。凝聚子群视角分析就是对所研究的网络中凝聚子群数量、特征的识别,对凝聚子群内部、子群之间、子群内部个体与个体之间的关系路径、特征、发展规律等进行分析。凝聚子群的密度分析对组织管理问题的解决有重要作用,因为凝聚子群可以反映社会网络中所结合成的小团体的密集程度,可以用来判断所研究社会网络中派系林立的程度。

当小团体呈现较强的凝聚力而网络整体的凝聚力较低时,则网络内的竞合环境将逐渐变差;同时,无论网络整体的凝聚力如何,当小团体众多且产生分散化的凝聚力后,网络内部的小团体之间容易发生非良性的竞争和争斗。通过计算,若凝聚子群的密集程度值越接近1,则小团体的密集程度越大;越接近-1,则小团体的密集程度越小;越接近0,则网络内关系形成和分布较为随机,并未有明显小团体现象。基于凝聚子群视角进行分析时常常关注企业的E-I Index危机指数,这是企业经营管理的一种危机指数,该指数值过大时,则说明企业内存在关系密切的小团体利用整合资源谋取团队私利的情况,会伤害企业整体的利益。同理,当网络内的凝聚子群关系紧密度过高时,诸如知识网络中知识共享与合作次数频繁上升,高于凝聚子群外部的行动者,子群外部的主体则不能公平地获得足量的信息资源、同其他行动者合作的机会,不利于网络整体的共赢。

14.2.3 核心-边缘结构视角分析

核心-边缘结构视角分析是对处于中心地位和边缘地位的节点进行识别探索和深入分析,应用范围比较广泛,可应用于组织关系网络、精英网络等多样化的社会网络。

核心-边缘结构模型可以分成离散的和连续的两大类。离散的核心-边缘模型是指分析所依托的数据是定类数据(用类别表示的数据,但不能对这些数字进行数学计算的处理),连续的核心-边缘模型是指分析所依托的数据是定比数据(可以用数学计算的方法对其进行处理的数据)。

依据中心主体和边缘主体间是否存在联系、联系的密切程度等标准可进一步把离散的核心-边缘模型分为核心-边缘全关联模型、无关模型、局部关联模型和关系缺失模型这四大类。全关联模型是指网络内行动者可以分为两大类,一类是关系紧密的组合团体,也就是凝聚子群;另一类中的行动者之间并没有关系联结,但是其中的个体同中心组的所有行动者之间都具有关系的联结。无关模型是指网络内的行动者被分为两类,一类是关系联系紧密的主体,也就是凝聚子群;另一类中的行动者之间并未产生联系,同时这些行动者和中心组的成员也没有产生联系。局部关联模型是指网络内的行动者可以分为两大类,一类中的行动者关系紧密,也可以看作凝聚子群;另一类中的行动者并没有关系联结现象,但和中心组的部分行动者存在关系联结情况。关系缺失模型是指网络内的行动者可分为两类，一类中的成员间的关系紧密程度达到峰值，也可以称其为凝聚子群；另一类中的行动者关系紧密程度达到最低值，但是并未考虑两类行动者之间的关系紧密程度如何，直接将其认定为缺失值。

14.3 社会网络分析法的操作步骤

社会网络分析法是一种用于研究社会结构和社会关系的方法，它通过分析个体和群体之间的互动和联系来揭示社会结构与行为模式。在企业管理中，社会网络分析法有时被用于研究企业内部员工之间的关系和互动模式，通过分析员工之间的社交网络，管理者可以了解员工之间的合作和信任关系，从而优化企业的组织结构，提高团队合作效率。例如，某大型科技公司运用社会网络分析法，发现某些部门之间的沟通和协作存在瓶颈，于是有针对性地进行了组织调整，显著提升了公司的整体运营效率，具体操作步骤如下。

第一步，确定研究问题，即研究企业员工之间的互动与合作模式，从而进一步优化企业组织结构。

第二步，通过调查问卷的方式，收集企业员工之间交流、合作和互动的数据。

第三步，利用UCINET软件对收集到的数据进行处理，通过处理缺失值、异常值、重复数据等，提高结果可靠性。

第四步，建立网络结构，计算点度中心度、中间中心度、接近中心度。

第五步，进行中心度视角分析、凝聚子群视角分析等，提取关键性指标，具体指标有核心人物识别、群体结构等。核心人物识别，即通过点度中心度分析，识别出在企业内部网络中扮演关键角色的员工，这些员工在信息传递、资源分配及决策过程中发挥着至关重要的作用；群体结构，即利用凝聚子群分析，发现多个紧密程度较高的员工群体，这些群体在知识共享、团队合作和创新活动中表现出较高的内部凝聚力和协作效率。

第六步，将结果进行可视化，基于凝聚子群视角分析结果，企业可以优化团队结构，促进跨团队交流，增强团队间的协作能力。通过提高网络密度，可以促进信息流通，减少信息孤岛现象，从而提高决策效率和质量。

第七步，根据以上分析，选择适用于企业的员工沟通途径，例如面对面交流、电子邮件、社交媒体等，以满足不同员工和不同情境的需求。通过持续的社会网络分析，企业可以不断调整和优化其组织结构，构建一个更加灵活、适应性强和持续创新的学习型组织。

第八步，在实际应用中，分析存在的不足，进一步完善、调整和优化社会网络分析的方法，从而得出更优的结果。

14.4 企业管理中社会网络分析法的应用

随着社会经济的发展,参与网络合作已成为众多组织的选择,因为依靠网络关系路径传递和共享信息、知识、技术等资源为组织自身创新与发展提供了重要支撑,这一过程离不开人与人的相互交往、联系,人们在这个过程中形成了多种多样的社会网络。社会网络不仅存在于管理领域,各个领域都会形成一系列网络,因此,对这些网络进行识别、分析、管理等就成了管理者必不可少的活动,用社会网络分析法辅助管理者决策的需求越来越旺盛。

社会网络分析法应用于管理领域时,应考虑组织所在的内外部环境因素,目的是全面、深入地分析所处社会网络的规模大小、关系强弱、覆盖范围、形成规律、发展机制,以及这些对网络内部行动者获取、吸收、共享、利用资源的效果影响,对其做一个全面研究。

14.4.1 在理论探究阶段应用社会网络分析法

社会网络分析法的理论研究能够更好地为企业和社会发展提供有效的分析工具。例如企业知识管理领域的学者认为,社会网络分析法能够对行动者之间的合作或竞争等关系模式进行收集和分析,通过对网络关系的深入剖析解决企业内部知识管理等相关问题。知识分为简单知识和复杂知识,网络内行动者关系的联系程度也分强弱,当行动者间关系紧密度较弱时仅利于获取知识,同时会造成知识流失,不利于复杂知识的转移,复杂知识的转移和利用需要依靠组织间的强关系。

对于社会网络分析在知识管理中的其他应用,一个很好的实例就是IBM所开辟的创新智慧园。创新智慧园就是通过应用社会网络分析法收集了三十多万名员工的创新点和实施想法,推动了知识共享与再创新。同时,IBM的管理者根据社会网络分析法应用的成功经验和切身体验,将具体的应用细节编撰成书——《社会网络的隐藏力量》。

14.4.2 从实际应用中探索社会网络分析法

在社会网络关系等方面的实践研究中,学者认为企业在社会网络中提升竞争力的本质是知识的获取和利用,在社会网络关系的分析过程中建立一个具有普适性、科学性、准确性的知识获取模型至关重要。克罗斯(Cross)和鲍格蒂(Borgatti)利用调查所获得的一手数据进行社会网络分析,构建了一个能够获取知识、共享知识的网络模型,这个模型可以使行动者得知其他行动者知道什么、获得所想的途径是什么、获得其他行动者所拥有的信息和知识的成本有多大等,基于对这三方面内容的准确识别和判断则能建立起一个良好的模型,帮助企业利用社会网络分析法这一工具进行资源共享。

在社会网络密度等方面的实践研究中，有学者发现当行动者所处的社会网络密度较高时，或和其他行动者联系紧密度较高时，或与其他行动者的合作水平较高时，或拥有混合强弱关系的企业时，知识共享的程度会更高，隐性知识在企业内部或企业之间的扩散和吸收更加迅速。随着应用的深入推进，信任这一要素也被纳入其中，研究和实践结果表明，信任程度越强则对隐性知识传播和共享提升的效果越大，这种现象在行动者关系紧密度高的网络中更为明显。

随着应用的不断深入，社会网络分析法越来越多地用于市场开发活动、研发活动、客户关系管理、营销活动等，应用的广度和深度逐渐增加。

14.4.3　基于综合视角系统探究社会网络分析法的应用

综合来看，社会网络分析法应用的广泛性已经非常显著。从一些较为前沿的视角来看，社会网络关系结构能够使一些节点的行动者通过关系联结克服发展的闭塞状态，获得其他行动者所获取不到的知识、信息资源等，同时在社会网络关系中，信息网络中心性和意识网络中心性能够代表行动者利用自身技能和周围资源解决问题的能力，中介中心性能够使行动者充分发挥和融合自身创新能力优势与社会网络关系优势，提高行动者获取和利用网络资源的能力和效果。

随着理论研究的发展，更多的学者指出了组织间具有不连续的特征，社会网络分析关于组织内和组织间知识流的研究对于其保护有用知识和资源来说更加重要。社会网络分析法能够将社会网络内的行动者和专家联系起来，使显性资源和隐性资源变得可见和可得，能够使社会网络内的行动者清楚识别和认知其他行动者的社会网络关系分布。

区间测量和层次分析法能够提高和完善社会网络分析法在实际中的应用水平，区间测量侧重于对组织内网络紧密度的测量，而层次分析法是对区间测量的发展。企业并不只有消费者、供应商等这样的外部网络，企业内部也存在员工和员工之间、部门与部门之间等多种类型的网络关系。社会网络分析法可以帮助企业更好地制定知识管理战略，提高自身网络系统的管理能力，发挥内外部网络关系优势，增强企业利用内外部资源应对快速变化的能力。

硅谷使用社会网络分析法对小世界现象进行了具有典型性的案例分析。小世界中的创新能力能够增强跨组织合作的关系紧密度和创造活力，而利用社会网络分析法能够使企业在复杂多变的社会网络关系中清晰识别核心资源，确定关键的合作者，获取高价值的资源，加强对企业内外部社会网络的管理和控制水平。格雷格·佩普斯(Greg Pepus，2007)通过研究指出，社会网络分析法在应用过程中拥有自动创造信息、处理信息、挖掘信息的功能，其智能化发展的趋势可以极大提高企业网络管理的效率。

总之，社会网络分析法无论是从理论、实践视角，还是从综合视角来看，都已经在管理领域取得一定的应用成果，在发展的过程中逐渐变成一种能够融合定性与定量两种方式的实用管理方法。

课后习题

习题答案

1. 简述什么是社会网络分析法。
2. 社会网络的构成要素和社会网络分析法的原理分别是什么？
3. 社会网络分析法的特征有哪些？
4. 简要描述社会网络分析法的视角。
5. 简述社会网络分析法在理论和实际应用中有哪些研究结论和进展。

案例

案例分析

学习者的情感网络和学习效果之间的关系

SPOC论坛数据作为一种重要的学习反馈载体，往往蕴含学习者的学业情绪信息，且情绪类型复杂多样。相关研究表明，学习者的在线学业情绪对学习过程及效果具有一定影响。为深入剖析情绪与学习效果的关系，本文以华中师范大学云课堂平台中三个学期的课程论坛发帖为研究对象，基于情绪词典的特征匹配及情绪密度计算方法，调查学习者情绪的表达特征及群体情绪的演化趋势，验证不同学业成就学习者的情绪差异性及情绪与学习效果的相关性。

第一，研究问题。在SPOC论坛互动中，学习者生成了海量的文本互动数据，这些文本数据中蕴含诸多情绪信息。为了观察在线情绪的时序规律，需要了解学习者在互动讨论中存在何类情绪特征及演化趋势。在此基础上，将进一步论证学习者情绪与学习效果之间的关联关系。因此，将针对"在SPOC论坛互动中，学习者具有哪些情绪特征及每种情绪如何演化""在SPOC论坛互动中，不同学业成就学习者间的情绪有何差异""学习者在论坛中的在线情绪与学习效果存在何种相关性"这三个问题展开讨论。

第二，研究对象和数据来源。本文的数据来源于华中师范大学云课堂平台中"心理学基础"课程在2014年9月至2016年2月的论坛。该课程作为公共必修课，吸引了2764名学习者注册学习，其主要介绍了心理学的理论知识及实践应用。该课程论坛在三学期内共产生15 151条讨论帖。通过对该课程的讨论数据进行学号匹配与筛选，剔除无学业成绩的外部学习者发帖记录、教师的回帖记录及有学业成绩却未发帖的学习者记录，最终获得759名学习者发布的9816条有效讨论数据，该群体在学期末的总评成绩平均分为77.28，标准差为22.43。值得注意的是，在课程最终的考核中，教学者并未考虑学习者在论坛中的互动表现，即学习者学习成绩的评定实际上与其论坛互动的活跃度是相互独立的，而这也是促使本文研究开展的一大出发点。

第三，研究方法。构建平台内各个学习者的情绪词典、计算情绪密度、分析情绪与学习效果的关系，进而得出结论。

第四，得出结论。在SPOC论坛互动过程中，学习者往往倾向于使用积极情绪特征词汇表述自己的主观态度，且该课程中学习者的积极情绪密度普遍高于困惑及消极情绪密度。此外，学习者在第三周的积极情绪密度值达到顶峰，第四周的困惑情绪密度值达到顶峰，第十九周的消极情绪密度值达到顶峰。因此，教师可根据学习者情绪的演化趋势及时发现不良情绪个体，并在适当的时间采取干预措施或调整教学策略提高学习者的学习体验，进而提高学习效果。此外，学习者的积极与困惑情绪、积极与消极情绪、困惑与消极情绪的差异性均显著，且情绪密度均值由大到小依次为积极>消极>困惑。低成就组与高成就组、低成就组与中等成就组的学习者在困惑、消极情绪上的差异性均显著，且困惑情绪表现情况为低成就组>高成就组>中等成就组，消极情绪表现情况为低成就组>中等成就组>高成就组。因此，教师可与相应的不良情绪个体进行适当的在线互动或线下交流来发现其在学习或心理状态上存在的问题，提高其积极情绪的唤醒度。

同时，学习者积极、困惑情绪会在特定时间内对学习效果产生积极影响，而从整个学期来看，消极情绪会对学习效果产生消极影响。因此，在教学过程中，教师应及时了解学习者的情绪变化，并采取相应的交互式教学策略引导学习者进行深入的协作学习和探究式学习。此外，在线学习平台也可设定相关的统计功能，用于分析学习者每周的情绪密度值来跟踪学习者个体的情绪变化。平台反馈的分析结果一方面可帮助教师密切关注学习者的学习动态，另一方面可帮助学习者量化自我，使其及时调整自身学习策略和学习状态。

第五，根据所得结论进行讨论。首先，加强干预措施。在SPOC论坛互动过程中，教师可根据学习者情绪的演化趋势对教学内容做适当调整或采取个性化的干预措施，帮助学习者摆脱学习困境，进而促进其有效学习。其次，促进师生交互。相关研究学者认为，师生交互能影响网络学习的绩效，尤其能对最终学习成绩产生积极的影响。论坛帖子不仅涉及学习者讨论帖，还包含教师的指导性回帖，但该类帖子数量并不多，论坛仍处于教师提出问题，学习者自主参与讨论的单向互动模式。此外，本文发现低成就组学习者的困惑情绪均值大于高成就组，一个可能的原因在于低成就组在学习中的困惑问题到最后仍未得到解决，影响了部分知识的有效掌握，这在一定程度上影响了其最终的考试成绩。最后，实现个性化学习。积极情绪有助于促使学习者高阶认知活动的开展和主动学习意识的培养，困惑情绪能在教师实施适当干预的情况下促使学习者深度学习，而消极情绪则与学习成绩具有显著负相关性，这也印证了不良学习情绪会对学习效果起阻碍作用。

因此，教师可在了解学习者基本知识的掌握情况、学习兴趣和认知风格的基础上，考虑引入个体的情绪量化特征以制定个性化教学方案。在后续应用中，SPOC论坛可根据学习者个体的情绪状态进行适应性干预、自动推送合适的学习活动或资源以满足不同个体的学习需求，从而提高学习者的积极情绪体验，使其学习兴趣及主观能动性得到充分发挥。

（案例来源：刘智，杨重阳，等.SPOC论坛互动中学习者情绪特征及其与学习效果的关系研究[J].中国点化教育，2018(04)：102-110.）

思考题

1. 根据案例描述，结合社会网络相关理论，说明学习中的情感互动如何影响学习者的学习兴趣及学习效果。

2. 本案例中，师生交互是如何进行的？效果如何？

3. 教师应如何分析和理解学生在云学习网络中的各项特征，进而更好地组织和管理课程，实现有效教学？

参考文献 REFERENCES

[1] 马工程教材编写组. 管理学原理[M]. 北京：高等教育出版社，2019.

[2] 赫伯特·西蒙 A. 管理行为[M]. 北京：机械工业出版社，2020.

[3] 肖条军. 行为决策理论：建模与分析[M]. 北京：科学出版社，2019.

[4] 郑晓龙，白松冉，曾大军. 面向复杂决策场景的认知图谱构建与分析[J]. 管理世界，2023，39(05)：188-204.

[5] 动脉网蛋壳研究院. 大数据+医疗科学时代的思维和决策[M]. 北京：机械工业出版社，2019.

[6] 戴维·科姆洛斯，戴维·本杰明. 有效决策[M]. 李静，译. 北京：中信出版社，2020.

[7] 罗纳德·霍华德 A，阿里·阿巴斯. 决策分析基础[M]. 北京：机械工业出版社，2019.

[8] 孙昊野，汪蕾. 脑与管理决策[M]. 杭州：浙江大学出版社，2019.

[9] 孟波. 计算机决策支持系统[M]. 武汉：武汉大学出版社，2003.

[10] 拉姆什·沙尔达，杜尔森·德伦，埃弗雷姆·特班. 商务智能与分析：决策支持系统[M]. 10版. 叶强，等译. 北京：机械工业出版社，2018.

[11] 戴亚平，贾之阳，赵凯鑫. 决策支持系统中的经典与智能化方法[M]. 北京：北京理工大学出版社，2022.

[12] 张睿. 决策支持系统[M]. 黑龙江：哈尔滨工程大学出版社，2012.

[13] 蒋元涛，余思琴. 战略决策支持系统理论与案例[M]. 上海：光明日报出版社，2013.

[14] 洪亮，马费成. 面向大数据管理决策的知识关联分析与知识大图构建[J]. 管理世界，2022，38(01)：207-219.

[15] 苗敬毅，董媛香，张玲，等. 预测方法与技术[M]. 北京：清华大学出版社，2019.

[16] 刘智，杨重阳，等. SPOC论坛互动中学习者情绪特征及其与学习效果的关系研究[J]. 中国点化教育，2018(04)：102-110.

[17] 韩伯棠. 管理运筹学[M]. 5版. 北京：高等教育出版社，2023.

[18] 刘满凤. 数据、模型与决策[M]. 北京：清华大学出版社，2023.

[19] 郑烨，王明杰，樊娟. 基于匈牙利法的企业员工任务分配问题研究[J]. 统计与决策，2011，329(05)：182-185.

[20] 赵晓霞，翟振杰. 基于变权系数的人才聘用模型[J]. 数学的实践与认识，2009，39(23)：10-17.

[21] 艾丹丹，隋宾艳，许倩. 基于多准则决策分析的中医医疗技术综合评价指标体系构建研究[J]. 中国卫生经济，2023，42(12)：81-87.

[22] 吕飞，谢谦，戴铜. 基于GIS的双目标多准则决策方法[J]. 重庆大学学报，2021，44(07)：161-170.

[23] 王晓梅. 神经网络导论[M]. 北京：科学出版社，2022.

[24] 韩力群. 人工神经网络理论及应用[M]. 北京：机械工业出版社，2017.

[25] 杨松，弗朗西斯卡·凯勒 B，郑路. 社会网络分析：方法与应用[M]. 北京：社会科学文献出版社，2023.

[26] 陶丽，李婵，张文德. 基于ANP的短视频APP用户满意度评价指标体系研究[J]. 河南科技大学学报(社会科学版)，2022，40(04)：61-68.

[27] 谭元飞. 基于神经网络预测控制的锅炉过热汽温控制研究[D]. 西安科技大学，2012.

[28] 李锋，冯珊. 基于人工神经网络的案例检索与案例维护[J]. 系统工程与电子技术，2004(08)：1053-1056.